LA ALQUIMIA DE LA PROSPERIDAD

Ferran Martínez

La alquimia
de la prosperidad

Los secretos de economía doméstica
de un asesor de grandes fortunas

U R A N O
Argentina – Chile – Colombia – España
Estados Unidos – México – Perú – Uruguay – Venezuela

1.ª edición Junio 2014

© 2014 *by* Ferran Martínez Garriga
© 2014 *by* Ediciones Urano, S.A.
Aribau, 142, pral. – 08036 Barcelona
www.mundourano.com
www.edicionesurano.com

ISBN: 978-84-7953-843-9
E-ISBN: 978-84-9944-686-8
Depósito legal: B-7.907-2014

Fotocomposición: Ediciones Urano, S.A.
Impreso por Rodesa, S.A. – Polígono Industrial San Miguel
Parcelas E7-E8 – 31132 Villatuerta (Navarra)

Impreso en España - *Printed in Spain*

Índice

◇◇◇◇◇◇◇
Prólogo

Mi buen y admirado amigo, Ferran Martínez, me propone un singular honor: prologar su nuevo libro. Hay peticiones que desde luego no se pueden negar por varios motivos.

El primero de ellos, porque la propuesta procede de una persona fenomenal y que capitaliza unos valores extraordinarios, de nobleza, honestidad y sinceridad auténticamente ejemplares y que cultiva el don o noble arte de la amistad como el mejor de los amigos. Ferran es hombre dado a los demás y siempre está ahí.

El segundo motivo es por su ejemplar trayectoria. Ferran es un deportista de pies a cabeza y es de esos pocos exjugadores que una vez se han apagado las luces de la cancha —si Ferran hubiera sido futbolista, diría las luces del estadio— y penetran en ese otro mundo donde toda aquella proyección que otorga el estar en activo, compitiendo cada semana, se diluye; Ferran ha sabido no sólo integrarse sino convertirse en toda una referencia. Es la vida real, sin pompas, ni fastos, sin algarabías ni adulaciones, sin liturgias deportivas ni ceremonias baloncestísticas. Ahí, en la vida real, cuando atrás quedan momentos estelares, vivencias magníficas, sensaciones competitivas inenarrables, experiencias de ensueño, es cuando y donde muchos deportistas, por desgracia, se estrellan. Será el contraste entre el día, pletórico de éxitos en lo deportivo, y la noche, misteriosa y profunda, que devuelve a una cruda realidad. Será la discrepancia entre sentirse jaleado por miles de personas, por convertir en tangibles los sueños de los niños, por encestar desde esa distancia imposible, de sentirse arropado por legiones de aficionados, de codearse con lo mejor y más granado de la sociedad... y, de repente, dejar de ser todo eso. Un choque emocional que lamentablemente pasa factura a demasiados futbolistas, baloncestistas, balonmanistas, waterpolistas, tenistas, golfistas, ciclistas, boxeadores y, en fin, a todo tipo de hombres y mujeres que durante una etapa de su vida saborearon las mieles del éxito, de los triunfos, de la fama y del reconocimiento.

Ahí llega, pues, el tercer motivo del honor de prologar este libro de Ferran. Su adaptación para lo que se da en llamar «el día después». Es el trance difícil. Atrás quedan parafernalias y vivencias exquisitas, a cuál más atractiva, y llega la hora de integrarse en el mundo real. Ferran ha demostrado su buen *savoir faire*. Ha hecho eso que tanto aconsejo a grandes deportistas: durante los años que estás en activo, aprende, vive intensamente tu actividad, conoce a toda la gente que puedas, no soslayes a nadie, fíjate en cuanto ocurre a tu alrededor, deja una huella positiva a tu paso por todos aquellos lugares que las circunstancias te hagan atravesar, aprende cuanto puedas y, sobre todo, aprende porque de cada cosa, de cada persona, de cada club, de cada ciudad, de todos aquellos que te rodeen y se relacionen contigo, siempre aprenderás algo, se te encenderá una luz, entenderás el porqué de las cosas.

Ferran vivió una brillante carrera deportiva. Como baloncestista, su palmarés es de los más extraordinarios que uno pueda imaginar. Fue un jugador constante, con sus momentos excepcionales y otros que no fueron tan maravillosos, que siempre estaba aprendiendo. Aprendió de todos y cada uno de sus entrenadores, se aleccionó en todos aquellos lugares en los que transcurrió su vida profesional y, en especial, se curtió gracias a sus propias experiencias en muchas lides.

Por mor de las circunstancias, Ferran, un buen día se vio obligado a dejar de pensar que sólo era un baloncestista profesional con unos buenos ingresos y se enfrentó a una dura realidad. Ahí es donde la leyenda de Ferran se empieza a forjar. Ya no estamos ante el simple jugador de baloncesto que gana más o menos dinero, que disfruta de los encantos de ser deportista de fama sino que, por esos golpes que a veces da la vida, se enfrenta a un dilema. Y, Ferran, ganador como es, hecho de buena pasta, con su edificante talante, deportista de pro, reacciona de forma ecléctica. Sus propias experiencias, la lección de las vicisitudes, le marcan un camino que, para mí, le acaba convirtiendo en leyenda y en esa figura aleccionadora en la que todos, absolutamente todos los deportistas en activo, tendrían que mirarse, por quien dejarse aconsejar y al que tomar como referente.

Buenas lisonjas, sin duda, las que he escrito en esos párrafos precedentes. Ferran, lo aclaro, no me ha pagado nada ni tampoco le pasaré factura. ¡Dios me libre! Ferran regala su amistad y su sapiencia. Y ahora, como ya ha hecho en anteriores ocasiones, nos ilustra gracias a esa relación tan particular e instructiva entre deporte y vida personal, entre el ser deportista de élite y a la vez individuo normal y corriente, con un trasfondo de raciocinio económico, de cordura en las finanzas, de tino en la manera de ser de cada cual, actuando hoy y mirando al futuro.

En este libro —no lo voy a resumir ahora ni mucho menos porque el objetivo primordial es la lectura de lo que dice Ferran—, se aborda la importancia de las pequeñas cosas con las miras puestas en saber construir el mañana. Siempre he dicho que toda persona grande se va haciendo a base de pequeñas cosas, de pasos tal vez insignificantes pero hacia delante, en positivo. Saber vivir como deportista y como persona de éxito, que éste no se suba a la cabeza y acabe siendo la perdición. No obstante, ello no tiene que ser óbice para que se sepa pensar a lo grande, lo cual no es sinónimo de fantasmear. Vivir el presente divisando esos horizontes a los que nuestra andadura vital nos conducirá, planificando esa singladura que llegará y para la que conviene disponer de un buen cuaderno de bitácora. Y tener claro el papel del dinero que, ni mucho menos, lo es todo. Simplemente un instrumento que permite hacer cosas, un medio que no un fin.

Bueno, supongo que Ferran me dirá que me he alargado un poco y que no hacía falta tanto *rollazo* de prólogo. Han fluido las palabras como las sentía y, Ferran, te digo: a lo dicho y hecho, pecho. La vida de cada cual se redacta a lo largo de varias etapas. Ferran la está sabiendo escribir muy bien. De aquel baloncestista de éxito a este profesional con la cabeza bien amueblada y dotado de un gran sentido común, de quien hay mucho que aprender. Así que les dejo con ese alquimista de la prosperidad que es Ferran Martínez, en estado puro.

José Mª Gay de Liébana y Saludas
Profesor titular de Economía Financiera
y Contabilidad, Universidad de Barcelona.
Académico numerario electo de la
Reial Acadèmia de Doctors.
Doctor en Ciencias Económicas.
Doctor en Derecho.

La importancia de las pequeñas cosas

En el I Ching, antiguo texto de adivinación y sabiduría chino, encontramos este símbolo:

Su nombre es Hsiao Kuo, y significa «la preponderancia de lo pequeño».

Existen innumerables ejemplos de cosas pequeñas que suponen un gran cambio. David contra Goliat, la mariposa cuyo batir de alas causa un tornado al otro lado del mundo, el diminuto guisante que impide dormir a una verdadera princesa, decidiendo su destino. En el evangelio se habla de «tener fe como un grano de mostaza». A veces basta con cosas realmente diminutas para obtener diferencias perceptibles desde el primer momento, o para desencadenar efectos capaces de lograr una mejora significativa en el futuro.

El primer bloque del libro se centra en estas pequeñas actitudes y rutinas que podemos cambiar desde hoy, desde este mismo instante.

◇◇◇◇◇◇◇◇◇◇◇◇◇◇◇◇◇◇◇◇◇◇◇◇◇

Los inicios del baloncesto: el éxito de la austeridad

Muchos deportes se iniciaron gracias a que existían grandes terrenos en los que poder practicarlos. Otros respondían a la necesidad de entretener a una gran cantidad de gente, distrayéndola de los problemas de su vida cotidiana. En esos tres casos, *sobraban* elementos y era necesario hacer algo con ellos.

El caso del baloncesto ilustra lo contrario. En sus inicios se encuentra una acumulación de limitaciones de todo tipo: económicas, en primer lugar; de espacio, en el segundo; y sociales, en el tercero. No se trataba de crear un espectáculo con el fin de entretener a los espectadores ociosos, sino de mantener ocupados a niños y jóvenes durante los meses de invierno.

En 1891, James Naismith, un profesor de deporte canadiense, inventó un juego para que sus alumnos se sintieran motivados y con ganas de hacer deporte sin necesidad de salir al exterior.

Los requisitos eran los siguientes:

1. Un deporte que se pudiera jugar en interiores poco equipados, durante los largos inviernos.
2. Que fuera barato.
3. Que pudiera jugarse en un espacio pequeño y con pocos jugadores.
4. Que fuera rápido, intenso y vigoroso. Que enganchara a los estudiantes.

Tras desechar varias ideas, a Naismith se le ocurrió fijar unas cestas a las paredes del gimnasio. Éstas servirían para anotar puntos cada vez que la pelota entrara en una de ellas, e ideó unas reglas básicas para que los jugadores tuvieran ciertas dificultades añadidas para conseguirlo.

Las primeras canastas fueron cestas de melocotones, pero sólo hasta que a alguien se le ocurrió que sería más eficiente agujerearlas, ya que junto a la canasta había siempre una persona que sacaba la pelota cada vez que ésta entraba en ella.

Al principio, se jugó con balones de fútbol. Más tarde se diseñaron unas pelotas específicas, más apropiadas para el rebote.

A lo largo de su evolución, el baloncesto ha sido un ejemplo de adaptación al medio y de sucesivas mejoras que han optimizado sus características iniciales. En este sentido, ha funcionado igual que los movimientos económicos: ajustando sus características a la demanda y al sentido común.

A veces, las mejores ideas surgen de tiempos de crisis, o de situaciones en las que no parece haber muchas posibilidades. Las limitaciones pueden ayudarnos a exprimir nuestra creatividad al máximo. Quién sabe si una situación de privación económica puede llevarnos a desarrollar una idea millonaria.

◇◇◇◇◇◇◇◇◇◇◇◇◇◇◇◇◇◇◇◇◇◇

No ahorres en formación

Siempre agradeceré a mi madre primero, y a mi novia María después, su insistencia en que no dejara los estudios, pese a ser profesional del baloncesto a los diecisiete años. Muchos deportistas dejan de estudiar cuando se ven envueltos en la «burbuja» de estar compitiendo en un gran equipo, con grandes contratos y reconocimiento social. Quizá piensan que con lo que ganan podrán vivir sin problemas, pero es un error, pues se jubilarán, con suerte, a los treinta y cinco años, y no estarán preparados para afrontar la vida real.

Habrán perdido la gran oportunidad de invertir con inteligencia mientras compiten. Esto exige, no cabe duda, un gran esfuerzo, ya que es muy difícil estudiar cuando dedicas las veinticuatro horas del día a entrenar, viajar y competir al máximo nivel. Pero este sacrificio es útil a la larga, y de hecho es aplicable a todas las personas.

La constancia y la curiosidad por aprender es la mejor inversión que existe. Henry Ford, uno de los industriales cuyas citas más nos enseñan, decía: «Los hombres mayores están siempre aconsejando a los jóvenes que ahorren. Es un mal consejo. No ahorres cada céntimo. Invierte en ti. Yo no ahorré ni un solo dólar hasta los cuarenta». Invertir en formación, partiendo del valor del esfuerzo personal y la perseverancia, es garantía de éxito. Una persona cualificada no teme perder su trabajo ni sus ahorros, y posee una seguridad en sí mismo que le hace afrontar el futuro con seguridad. No nos referimos a tener una gran especialización, sino más bien a adquirir conocimientos en muchos campos. Parece incomprensible que en un mundo en que la economía ocupa las noticias de todos los días, en una sociedad basada en el consumo y la productividad, no haya asignaturas sobre temática financiera desde las edades más tempranas. El hábito del estudio estimula la capacidad de emprender. Si quieres montar tu propio negocio, tienes que estar dispuesto a no desfallecer nunca. Puede que no se cumplan tus expectativas con la primera idea, pero si no funciona y eres lo suficientemente constante y prudente, tendrás más oportunidades, incluso otras posibilidades. Un proyecto que fracasa es una gran ocasión para entender cómo mejorar, es decir, una forma de invertir en ti. Otro aspecto muy útil es aprender a conocerse mejor, o dicho de otra manera, a tener conciencia de lo que somos, con nuestras fortalezas y nuestras debilidades. Explorar en nuestro propio desarrollo personal potenciará nuestras aptitudes para encontrar lo que realmente nos gusta, y cómo aplicarlo.

La experiencia me demuestra lo importante que fue adquirir el hábito del estudio, algo que nunca más se abandona. En nuestro día a día siempre hay oportunidad de seguir mejorando en formación, lo que se complementa perfectamente con nuestras ocupaciones personales y profesionales.

Coeficiente de ahorro

Basta responder a estas sencillas preguntas para hacerse una idea de la actitud que se mantiene en la vida cotidiana respecto al ahorro. Por supuesto, se trata de comparativas generales, y puede haber situaciones específicas en las que no se cumplan. Las respuestas, al final del libro.

1. ¿Dónde es más caro hervir una taza de agua?
En el microondas.
En un cazo, con fuego de gas.
En un cazo, con vitrocerámica.
En una hervidora de resistencia eléctrica.

2. Si se tiene un vehículo viejo y en mal estado, ¿es conveniente contratar un seguro a todo riesgo?
Hay que tener el mejor seguro posible para proteger el vehículo.
No merece la pena.

3. ¿Cuál de estos productos es menos conveniente comprar en las rebajas?
Unos vaqueros.
Una cámara de fotos analógica.
Una cámara de fotos digital.
Turrón.

4. ¿Cuánto cuesta mantener una mascota al año?
Menos de ciento cincuenta euros.
Entre ciento cincuenta y seiscientos euros.
Entre seiscientos y novecientos euros.
Entre novecientos y mil doscientos euros.

5. Si se compra queso rallado en lugar de queso en una sola pieza, ¿cuánto se está pagando por hora por ese servicio?

Menos de diez euros.

Entre veinte y treinta euros.

Entre treinta y cien euros.

Más de cien euros.

6. ¿Cuál de estas costumbres supone un ahorro en combustible?

Llevar los neumáticos adecuadamente hinchados.

Utilizar gasolina extra.

Conducir un vehículo que no sea automático.

La primera y la tercera.

7. La ropa dura más si:

Se lava en agua fría.

No se utiliza secadora.

Se cierra la cremallera de los vaqueros antes de lavarlos.

Las tres cosas.

8. Según las estadísticas, ¿cuál es el momento perfecto para comprar un billete de avión al mejor precio?

El día anterior.

La semana anterior.

Entre seis y ocho semanas antes.

Con tres meses de antelación.

9. ¿Qué es un vampiro eléctrico?

Un superhéroe.

Un robot de los dibujos animados.

Un aparato que consume electricidad incluso cuando está apagado.

10. ¿Existe alguna ley que obligue a que los productos marcados como oferta sean los más baratos de la estantería?

Sí.

No.

11. ¿Qué supone más ahorro, lavar los platos a mano o poner el lavaplatos?

Lavar los platos a mano.

Poner el lavaplatos siempre.

Lavar los platos a mano si son pocos y poner el lavaplatos cuando está completamente cargado.

12. ¿Es más barato hacer el pan en casa o comprarlo ya hecho?

Siempre es más barato usar una panificadora.

Los ingredientes son más baratos que el pan ya hecho, pero el gasto total depende de la tarifa eléctrica.

Sale más a cuenta comprar barras en la panadería.

Si se tienen menos de cuatro aciertos, conviene revisar atentamente las actitudes respecto al consumo, y prestar más atención a los pequeños gastos de cada día, porque significa que el coeficiente de ahorro es bajo.

Con más de ocho aciertos, la cosa va bien. El hábito de estar pendiente de los gastos rutinarios, examinar las facturas para compararlas y saber exactamente en qué se emplea el dinero es una mecánica de ahorro.

Empezar por uno mismo

Para poder cambiar una situación, es necesario conocerla. Pero se dice que hay pocas cosas más difíciles que conocerse a uno mismo o a las propias circunstancias.

Es muy frecuente sentir cierta aversión a tener al día los asuntos económicos. ¿Cuántas veces hemos oído a alguien manifestar desesperación a la hora de tener que hacer la declaración de la renta, o cambiar la domiciliación bancaria de una factura? Por supuesto, la burocracia inherente a los asuntos financieros no está precisamente pensada para facilitarnos las cosas ni para promover nuestra autonomía. Pero el conocimiento es el primer paso hacia el control.

Es habitual intentar desentenderse de las cuotas, olvidar el plazo de las letras. A menudo pensamos que todo lo que pasa por el banco debería estar automatizado, a nuestro servicio, y esa mentalidad nos invita a desentendernos de toda una serie de cosas que siempre dejamos «para más tarde».

Todos hemos sentido en un momento u otro cierta sensación de frustración y agobio cuando tenemos un imprevisto y no sabemos cómo llegar a final de mes. Hoy en día, con la crisis, esta situación se presenta mucho más a menudo de lo que nos gustaría, especialmente cuando hay tantas familias que han de pasar con un solo sueldo, menguado por los recortes y los ajustes. Pero lo cierto es que la administración de la economía personal y familiar no tiene tanto que ver con cuánto cobramos o con un talento matemático especial, sino más bien con la actitud, objetivos y hábitos que tenemos ante nuestras finanzas.

Aprender un par de trucos y así manejar efectivamente la economía personal y familiar puede resultar clave para mantenerla a flote e, incluso, darnos cuenta de que podemos vivir más holgados (y tranquilos) de lo que creíamos.

∞∞∞∞∞∞∞∞∞∞∞∞∞∞∞∞∞∞∞∞∞∞∞∞∞∞∞∞

Antes de empezar hay dos puntos importantes:

- El primero es tomar nota, guardar los recibos y facturas, y mantener el orden en cuanto a los cálculos y los propósitos.

- El segundo es hacer un mapa completo de la posición financiera, es decir, anotar lo que se tiene ahorrado, el conjunto de propiedades y recursos, y las posibles deudas, por pequeñas que sean.

∞∞∞∞∞∞∞∞∞∞∞∞∞∞∞∞∞∞∞∞∞∞∞∞∞∞∞∞∞∞

Muchos empiezan con el pie izquierdo e intentan sanear su economía sin conocerla siquiera. Por ese motivo, para que sea posible poner en práctica los consejos que comentaremos más adelante, es necesario saber cuál es el estado global de la situación. Hay que identificar los ingresos y los gastos totales, apuntando todas las entradas de dinero (aunque sea de trabajos eventuales) en cuanto sean recibidas, y las salidas, sin olvidar pagos de la hipoteca y posibles deudas.

A continuación, y gracias a seguir el primer punto antes mencionado, hay que realizar un registro de gastos con las facturas de compra, viendo así cuáles son las salidas reales, para después dividirlos entre gastos fijos y variables. De esta manera es posible asegurarse de que todos sean necesarios, o por el contrario, distinguir cuáles son los que pueden disminuir e incluso ser eliminados.

Si haciendo este ejercicio se observa que los gastos son mayores a los ingresos, ¡cuidado! Hay que hacer un verdadero estudio para distinguir lo que es realmente necesario y lo que no. Los préstamos no son una opción, excepto en momentos de gran necesidad en los que no exista otra salida.

Si por el contrario los ingresos son superiores a los gastos, ¡felicidades! El siguiente paso será definir la capacidad de ahorro, es decir, dentro del presupuesto mensual establecer un porcentaje que se destinará directamente al ahorro personal o familiar para atender posibles situaciones imprevistas.

Y ahora sí, ya sabemos en qué punto nos encontramos y estamos dispuestos a mejorar nuestra economía. Éstos son los cuatro puntos fundamentales que pueden ayudar en ese propósito:

1. **Establecer un presupuesto.** En previsión de los gastos fijos y los eventuales de cada mes y de cada año, conviene indicar por escrito un presupuesto o *budget* que permita ahorrar e incluso darse algún capricho de vez en cuando.

2. **Cuidado con el goteo.** Es fácil olvidar los gastos pequeños, cuando pueden ser los que lleven a la ruina. Es necesario tener en cuenta el café en el bar, la comida en la oficina, el bocadillo de media mañana, etcétera. Muchas veces, tomando el cortado en casa o preparando magdalenas para llevar, puede apreciarse un ahorro de cientos de euros al mes.

3. **Olvidar las tarjetas de crédito.** Una de las formas más rápidas de arruinarse es comprar a crédito. Las tarjetas ofrecen la posibilidad de desentenderse de la

realidad económica, y al hacerse una idea equivoca-
da del estado financiero, se puede llegar, en ocasiones, a extremos como pagar las deudas de una tarjeta
con otra.

◇◇◇◇◇◇◇◇◇◇◇◇◇◇◇◇◇◇◇◇◇◇◇◇◇

Cuánto ganamos (en realidad)

Es importante saber cuánto dinero se gana cada mes, cada semana, cada día y cada hora. Son cuatro datos que es necesario tener en cuenta para realizar cualquier cálculo relacionado con la economía doméstica.

Antes de que cualquier persona se plantee cambiar de empleo, de modo de vida, o incluso de lugar de residencia, o, por supuesto, intente montar cualquier tipo de empresa o de negocio, es necesario hacer este cálculo.

Ahora bien: las cosas no son tan sencillas como parece. No basta con tomar los ingresos netos y dividirlos entre el número de horas trabajadas (tanto en la oficina o lugar de trabajo como en casa). Tampoco es suficiente descontar el tiempo e ingresos destinados al transporte.

Como explican, de manera muy acertada, Vicki Robin y Joe Domínguez, en *La bolsa o la vida*, el verdadero cálculo tiene que incluir muchos más factores.

Por ejemplo: el cuidado de los niños, personas mayores y mascotas. ¿Cuánto se gasta en pagar guarderías o cuidadores? ¿Qué parte de ese dinero se ahorraría si se pudiera trabajar en casa o se tuviera otro tipo de horario?

Lo mismo sucede con las comidas fuera de casa. El coste medio de cualquier restaurante es siempre muy superior al de la comida preparada en casa. Según diferentes estudios, el coste de un solo almuerzo fuera, veinte días a la semana, varía entre doscientos diecisiete y doscientos cincuenta y siete euros al mes. Por el contrario, hacer tres comidas en casa viene a costar ciento veintidós euros por persona.

Un último factor, de no poca importancia, es el gasto en ropa formal y cosmética asociado a determinados empleos.

A la hora de escoger entre dos o más posibilidades laborales, es muy importante tener en cuenta todos los gastos derivados de la presencia física requerida en el lugar de trabajo. No es de extrañar que cada vez más personas aprovechen las nuevas tecnologías para convertir su propio hogar en su lugar de trabajo.

El mensaje de este libro es que no tiene sentido perseguir un modo de vida socialmente impuesto, basado en conseguir un determinado estándar de posesiones materiales para definir un estatus social. A menudo, esta búsqueda desenfrenada no tiene ningún sentido en términos económicos y prácticos. De modo que, en sus propias palabras: «Aunque las condiciones hayan cambiado, seguimos operando financieramente según las reglas que se establecieron en la Revolución Industrial. Estas reglas se basan en la creación constante de posesiones materiales. Pero este elevado estándar de consumo no nos ha llevado a unas mejores condiciones de vida, ni para nosotros ni para el planeta», afirman los autores del libro antes mencionado.

El lenguaje y el ahorro

Cada idioma es distinto, y modela de manera diferente la percepción de la realidad de los individuos que lo hablan. Las tribus esquimales tienen muchísimas palabras para los diferentes tonos de blanco de la nieve, y sucede lo mismo con la variedad de tonos verdes del follaje entre los nativos de la Amazonia. Si estas personas se desplazaran a un entorno en el que los tonos cromáticos no fueran tan relevantes o necesarios para la supervivencia, seguirían utilizando esas palabras durante generaciones.

El economista conductual Keith Chen nos habla sobre los resultados de sus investigaciones, en las cuales ha descubierto que existe una estrecha correlación entre los hablantes de lenguas que no poseen concepto de futuro («llueve mañana», en lugar de «lloverá mañana») y sus tasas de ahorro. «Cada vez que se discute el futuro [en inglés], el hablante está obligado gramaticalmente a romper con el presente y lo trata como si fuera algo visceralmente distinto». Es una realidad que algunas lenguas tienen verbos y tratamientos específicos para referirse al futuro, mientras que otras no.

Los economistas pueden aprender mucho de los lingüistas sobre este fenómeno, es decir, sobre cómo la lengua hablada impacta directamente sobre la manera de pensar en el futuro. El futuro puede percibirse como un mundo ajeno e intangible o más bien como una extensión de la actualidad.

Chen sugiere que nuestra actitud sobre el futuro tiene una fuerte relación con el idioma que hablamos, algo que afecta directamente a nuestra capacidad para ahorrar. Las investigaciones de Chen diferencian estos dos tipos de lenguaje con dos tipos de mentalidades a la hora de ahorrar para el futuro. A esto lo llama «el futuro de las lenguas».

«Si bien los datos que analizo no me permiten entender completamente el papel que juega el idioma en estas relaciones, sugieren que hay algo realmente notable que explicar acerca de la interacción de la lengua y la toma de decisiones económicas.»

Por tanto, es importante detenerse a reflexionar sobre cómo es la percepción personal del futuro de cada uno de nosotros. Sabemos que está influenciada por el tipo de lenguaje que hablamos, pero también sabemos que podemos modificarla para conseguir que mejore.

Desde el punto de vista de la economía y del ahorro, para pensar a largo plazo es conveniente abrazar la idea de un futuro largo y positivo. Esta percepción, consistente en imaginar la jubilación como un prolongado periodo de vacaciones, ayudará a ahorrar y proporcionará motivación para sacar el máximo partido económico de la vida laboral hasta que ésta finalice.

Jacquette M. Timmons, CEO de Sterling Investment Management, aconseja «reprogramar» el lenguaje con el que nos referimos al dinero para cambiar nuestra concepción, perspectivas y posibilidades al respecto. En lugar de afirmar «no me lo puedo permitir», es preferible decir «no se trata de una de mis prioridades ahora mismo». Ambas cosas significan lo mismo, pero las emociones que subyacen tras ellas son muy diferentes. En lugar de sentir una derrota, se está «posponiendo» un deseo, dando tiempo a uno mismo para que éste, quizá, pueda ser sustituido o mejorado.

Una de las escuelas de entrenamiento psicológico que pone más énfasis en el poder modificador del empleo cons-

ciente del lenguaje es la PNL, o Programación Neurolin-
güística. Sus técnicas pueden ser aprovechadas para transformar la manera que se tiene de hablar del dinero y del
éxito en general, como ya mencioné en mi anterior libro
Zen 305*.

---

* Publicado en 2012 por Editorial Urano, y en Columna en catalán.

◇◇◇◇◇◇◇◇◇◇◇◇◇◇◇◇◇◇◇◇◇◇◇◇

Ahorra con tu *smartphone*

La tecnología nos permite ser más eficientes en muchos aspectos, pero pocos pensaban que el teléfono móvil llegaría a ser una herramienta tan útil hace unas décadas, dejando en segundo plano sus funcionalidades de voz para convertirse en una auténtica oficina portátil. Podría parecer contradictorio pensar en ahorrar utilizando tu *smartphone*, pero sin duda es posible. Gracias a que por mi trabajo viajo con frecuencia fuera de España, he descubierto múltiples maneras de utilizar este artilugio para rebajar los costes que inconscientemente damos por fijos. Por ejemplo, con tu tarifa (plana) mensual de datos. Gracias a disponer de conexión 3G o 4G, los mensajes de texto SMS han quedado totalmente anticuados u obsoletos. Las actuales aplicaciones gratuitas de voz Viber, Skype o Facetime (voz e imagen), o el exitoso Whatsapp (texto, voz o vídeo) permiten rebajar el número de horas prefijadas por tu tarifa de telefonía móvil, y podrás reducir la factura mensual. Afortunadamente en España, cada vez disponemos de más zonas WIFI gratis (en plazas, colegios, hoteles, etcétera), igual que ocurre en muchos países del mundo donde hay una gran cobertura de utilización pública, por lo que llevar siempre activada esta opción en tu teléfono es positivo. Las aplicaciones que te permiten reducir los costos en ocio, transporte, viajes, compras, etcétera son infinitas. Además existen innumerables comparadores de precios que te facilitan la vida utilizando la opción de la geolocalización. «Apps» como «Foursquare», «El tenedor», «Groupalia», «Tendeo» y otras muchas te permitirán ahorrar hasta un cincuenta por ciento o más.

Gracias a la excelente herramienta del teléfono inteligente, con software que reconoce los códigos de barras, los comparadores de precios en línea permiten escanear los códigos de barras de los productos para mostrar el precio de ese mismo artículo en otros supermercados, así el consumidor podrá elegir dónde comprar en función del precio y el lugar donde se encuentre.

Otro de los apartados de los que hablaremos más adelante es el gasto fijo en transporte, que supone una parte importante en la factura de final de mes. Servicios para alquilar el vehículo de un particular por poco dinero o buscar las gasolineras más económicas y compartir coche para ir al trabajo o la universidad son opciones inteligentes de ahorrar. «Gasolineras España» permite configurar en primer lugar el tipo de gasolina de tu vehículo y visualizar las gasolineras que la ofrecen más barata. Al final de mes se nota en el bolsillo. Para controlar el consumo echa un vistazo a algunas como Fuel Calculator o Fuel Friend Lite.

Todos estos pequeños hábitos diarios tendrán una gran repercusión a final de mes. Para poder gestionar eficientemente los gastos, si no eres un amante de las hojas de cálculo, podrás utilizar otras herramientas que te ayudarán a llevar la contabilidad doméstica sin demasiadas complicaciones. Algunas aplicaciones (aunque hay muchas más) como «Money» , «Money saver» o «Jumsoft» lo hacen de manera muy gráfica y fácil, visualizando la evolución con gráficos. Permiten incluso insertar alarmas para «no pasarte» en tus compras, realizar un control de las transferencias e incluso de las domiciliaciones.

◇◇◇◇◇◇◇◇◇◇◇◇◇◇◇◇◇

Establecer prioridades

El mundo es un constante abanico de posibilidades. Tenemos una tendencia natural, casi instintiva, a escoger aquellas que nos proporcionan una mayor sensación de seguridad o bienestar.

¿Realmente es necesario adquirir un nuevo televisor o el último modelo de *smartphone* cuando los que tenemos funcionan perfectamente?

Paco Underhill ha dedicado veinte años de su vida a estudiar, desde las herramientas de la antropología, a los clientes de las grandes superficies comerciales. Y su conclusión es la siguiente:

«Utilizamos las compras como una terapia, como chantaje emocional, como pasatiempo, como una excusa para salir de casa, como una manera de captar a potenciales seres queridos, como un entretenimiento, como una forma de educación e incluso de militancia o culto».

Para poder salir del círculo vicioso en el que nos atrapa la sociedad de consumo, con sus omnipresentes y múltiples tentáculos publicitarios, lo primero que hay que hacer es ser conscientes del poder de éstos.

Poseer determinado objeto no va a conseguir que nos volvamos más atractivos, deseables, y mucho menos, ricos, como muchos anuncios dan a entender. Es francamente difícil que estas posesiones hagan que nuestros seres queridos nos quieran más, o que nuestro círculo de amigos se amplíe.

El profesor de psicología y conducta económica Dan Ariely nos advierte en su libro *Las trampas del deseo* acerca de cómo los sistemas publicitarios están pensados para crearnos necesidades, y hacernos creer que podemos elegir entre numerosas opciones cuando en realidad éstas son muy limitadas. Los medios de masas utilizan constantemente el chantaje emocional para forzar respuestas irracionales en los consumidores.

Los colectivos más vulnerables a esta manipulación publicitaria son los niños, los adolescentes, y todos los adultos con problemas de autoestima y vidas ociosas.

Es difícil identificar las verdaderas necesidades tanto físicas como psicológicas de cada individuo, empezando por uno mismo, pero se trata de un entrenamiento cada vez más necesario. Una responsabilidad personal del siglo XXI.

◇◇◇◇◇◇◇◇◇◇◇◇◇◇◇◇◇◇◇◇◇◇◇◇◇◇◇◇◇◇◇◇◇◇◇◇◇

Antes de hacer cualquier compra o de tomar una decisión que esté relacionada con el dinero, es conveniente plantearse la pregunta:

¿Es esto lo mejor que puedo hacer con esta cantidad?

◇◇◇◇◇◇◇◇◇◇◇◇◇◇◇◇◇◇◇◇◇◇◇◇◇◇◇◇◇◇◇◇◇◇◇◇◇

◇◇◇◇◇◇◇◇◇◇◇◇◇◇◇◇◇◇◇◇◇◇◇◇◇◇◇◇◇◇◇◇

Educar para el pensamiento crítico

En palabras de Juliet B. Schor, autora de *Nacidos para comprar*: «Los niños y los adolescentes constituyen ya el epicentro de la cultura de consumo en Norteamérica. Capitalizan la atención, la creatividad y el dinero de los anunciantes. Sus gustos marcan las modas del mercado. Sus opiniones definen las estrategias de las marcas. Y, sin embargo, son pocos los adultos que reconocen la magnitud de este cambio, así como sus consecuencias para el futuro de nuestros hijos y de nuestra cultura».

En este libro, la autora explica detalladamente las estrategias de las grandes marcas comerciales para conseguir que los niños y adolescentes pidan a sus padres que les compren objetos y alimentos que han visto anunciados. Los padres, que quizá podrían resistirse a sus propios deseos, no son capaces de ignorar las peticiones de sus hijos.

Una vez más, las complejas estrategias publicitarias atacan a los objetivos más vulnerables, y apelan a componentes emocionales para provocar tendencias de compra impulsivas. Sólo el trece por ciento de los padres norteamericanos es capaz de darse cuenta de esta tendencia publicitaria y de negarse a comprar los objetos inútiles que les piden sus hijos.

Otra tendencia relacionada con este fenómeno es lo que se llama «*trans-toying*». Consiste en convertir, mediante su aspecto, artículos de todo tipo, desde cepillos de dientes o tiritas hasta, por supuesto, la comida, en algo parecido a juguetes. En Estados Unidos, los alimentos de vivos colores, o de sabores excéntricos y originales destinados a seducir a los niños, han alcanzado extremos que rayan lo grotesco.

«Cada vez se publican más datos sobre la relación existente entre la televisión y la obesidad, así como el incremento de los trastornos alimentarios desde la llegada de la televisión a los hogares. [...] El marketing de productos adictivos, el fomento de hábitos alimentarios nocivos son prácticas especialmente perversas cuando los blancos de las mismas son los niños. Las adicciones suelen iniciarse durante la adolescencia, y algunos investigadores sospechan que en la química cerebral tienen lugar algunos cambios que hacen que resulte muy difícil romper dependencias precoces», sigue diciendo Juliet B. Schor.

Otro libro que aporta datos a este respecto es *Consuming Kids*, de Susan Hill. La propia autora advierte en el prólogo de que determinadas tácticas de marketing enfocadas a los niños se acercan más a una distopía orwelliana que a lo que pensamos que es el mundo real en el que nos movemos. Se hizo un documental a partir de él, aunque ni éste ni el libro han sido traducidos al español.

A este respecto, es fundamental hablar con los hijos y explicarles, en la medida de lo posible, cómo funcionan las trampas que les tiende la publicidad. Se les pueden plantear preguntas del tipo: ¿de verdad están más ricas las patatas con sabor a kétchup que las patatas con un poco de kétchup?, ¿te vas a parecer más al hombre araña si tienes las sábanas del hombre araña?, o ¿las auténticas princesas realmente iban vestidas de rosa?

A veces los anuncios despliegan estrategias burdas, pero si éstas son aceptadas por los adultos como normales, eso puede hacer que sean percibidas por los menores como algo adecuado y deseable. Sólo es posible que los niños cobren conciencia de los tentáculos publicitarios si se les ayuda a reflexionar sobre ellos.

Por supuesto, además de esto, es posible limitar activamente la cantidad de anuncios publicitarios a los que estamos expuestos, tanto nosotros como nuestros hijos. No es imposible vivir sin televisión, o racionarla según un esquema lógico.

Todo suma (o todo resta)

Tanto en el ahorro personal o familiar como en la gestión de un negocio, sea una mercería, un chiringuito de la playa o una multinacional, los ingresos y gastos pequeños que se repiten muchas veces son tan importantes como los grandes.

Merece la pena pasar tiempo explorando opciones y posibilidades para ahorrar en los pequeños gastos cotidianos sin descuidar excesivamente la calidad. También hay que pensar en conceptos de reutilización y reciclaje, y hacer cuentas. Por ejemplo, en el caso del chiringuito de la playa, si los vasos de plástico cuestan dos céntimos cada uno y los de vidrio cincuenta, pero los de plástico sólo pueden usarse una vez y los otros tienen una vida media de setenta reutilizaciones, ahí tenemos la respuesta a cuál de los dos es más rentable. Por otra parte, es importante escuchar a los clientes: si muchos prefieren vasos de plástico para podérselos llevar y otros manifiestan que les resulta más agradable el vaso de vidrio, lo conveniente sería darles la opción. Un país que cuida mucho este aspecto del reciclaje es Alemania. En los estadios se venden las cervezas y refrescos en vasos de plástico. Una vez consumida la bebida, si devuelves el vaso se te abona una cantidad; por lo tanto, todo el mundo devuelve los envases y así se economiza el proceso, además de ser un sistema que impide que se tiren al suelo. Me sorprendió gratamente esto durante la media parte de un partido de Copa de Europa de baloncesto entre el Bamberg alemán y el Fútbol Club Barcelona.

En realidad, la economía se basa siempre en el sentido común. Eso sí: un sentido común que tiene en perspectiva todos los datos disponibles.

◇◇

Las decisiones económicas son muy fáciles de tomar con las cuentas delante.

◇◇

En el caso de las grandes empresas, como Amazon, un sólo centavo ahorrado en cada transacción significa millones de dólares al cabo del año. La compañía es conocida por estar constantemente pendiente de las innovaciones en logística. Numerosos pequeños cambios, aunque cada uno solo tenga un impacto residual en los costes logísticos o de gestión, pueden suponer un cambio sustancial cuando se combinan con otras mejoras. Una compañía que presta atención constante a lo pequeño es difícil de superar.

En la vida cotidiana existen numerosos ejemplos de pequeños ahorros que pueden hacerse en las cosas pequeñas. Al escoger entre un producto de la compra semanal que cuesta dos euros y uno que vale un euro veinte no hay que tener en cuenta esos ochenta céntimos de diferencia, sino los cuarenta euros que esa diferencia suponen al año.

Maneras creativas de ahorrar en las cosas pequeñas:

- Comprar siempre calcetines del mismo color o modelo. De ese modo, si uno se pierde, no hay que tirar el otro. Este consejo es especialmente útil en el caso de familias con hijos que crecen.
- Anotar los gastos con un ligero redondeo en nuestra contabilidad para encontrarse ese pequeño ahorro a fin de mes.
- Comprobar, en la factura de la luz, que se tiene contratada la potencia adecuada. Más potencia de la necesaria significa más gasto.

- No hacer la compra hasta que las estanterías de la cocina estén casi vacías. Más del veinte por ciento de la comida acaba en la basura.
- Cortar el pan en rodajas finas. Comer en platos pequeños. Congelar las porciones sobrantes. Estas tres costumbres reducen la cantidad de comida desperdiciada.
- Revisar bien las opciones de telefonía móvil, para asegurarse de que no nos están cobrando de más por servicios que no utilizamos. Sabido es que en España tienes que estar muchos minutos hablando con los operadores (lo digo por experiencia propia), pero hay que hacerlo. Desconectar el contestador si nos cobran por él.
- Quitar bombillas y comprobar si se puede estar con menos iluminación. Muchas veces, en los hogares, hay un exceso de puntos de luz. Por supuesto, las bombillas deben ser de ahorro energético.

◇◇◇◇◇◇◇◇◇◇◇◇◇◇◇◇◇◇◇◇◇◇◇◇◇◇◇◇◇◇◇◇◇◇◇◇◇

Ejercicio: hacer una lista de las cosas en las que podría utilizarse el dinero resultante de ahorrar sólo un euro cada día.

◇◇◇◇◇◇◇◇◇◇◇◇◇◇◇◇◇◇◇◇◇◇◇◇◇◇◇◇◇◇◇◇◇◇◇◇◇

◇◇◇◇◇◇◇◇◇◇◇◇◇◇◇◇◇◇◇◇◇◇◇◇◇◇◇◇◇◇

Pequeños gastos que pesan mucho

Cada vez son más las familias que están pasando por una verdadera pesadilla a la hora de continuar adelante con su economía, dependiendo de un solo sueldo, volviendo a casa de los
padres, e incluso viviendo de las pensiones de los abuelos.

Ahorrar parece haberse convertido hoy en día en un imposible. Con el salvaje incremento de los impuestos y la in-
sostenible presión fiscal en España, el elevado coste de vida,
la bajada de salarios y los recortes, parece imposible ahorrar
ese diez por ciento del que hablan los economistas. Ha llegado un punto en el que muchos, con suerte, han de recurrir a
sus ahorros para llegar a fin de mes.

A este paso, la palabra *ahorrar* podría convertirse en un
nuevo tabú social, pero lo cierto es que hay muchas formas
de conseguir separar una mínima cantidad al mes que, con
el tiempo, podría marcar una gran diferencia.

¿Cómo hacerlo? Reduciendo gastos. No estamos hablando de dejar de disfrutar o cenar con los amigos, sino de estudiar todos aquellos pequeños gastos diarios que a la mayoría
nos pasan desapercibidos: el café de la mañana, el helado de
la tarde de verano, la revista del domingo, el paquete de tabaco, etcétera. En una familia, diariamente, pueden gastarse
decenas de euros en esos hábitos de consumo que en la gran
mayoría de los casos son totalmente prescindibles. Como
dijo Benjamin Franklin: «Cuida los pequeños gastos, porque
un pequeño agujero hunde todo un barco».

Para llegar a un compromiso que nos permita vivir sin
prescindir de lo que realmente nos gusta, conciliando el gasto con el ahorro, es necesario seguir los siguientes pasos o
premisas:

- Ver en qué empleamos realmente el dinero. Anotar todos esos pequeños gastos que, al reunirlos, se convierten en un verdadero goteo semanal y en un río al cabo del año. Y después de estudiarlo a conciencia ver esas «tonterías» que nos están arruinando.
- Tomar conciencia del problema. Entender nuestra situación real y cómo se está manejando el dinero es el primer paso para poder llevar a cabo un cambio real.

La principal causa del endeudamiento es el gasto excesivo, para salir de él es necesario simplificar y limitarse a lo básico. Ésta es una actitud basada en el no comprar, es decir, en gastar en lo necesario.

◇◇◇◇◇◇◇◇◇◇◇◇◇◇◇◇◇◇◇◇◇◇◇◇◇◇◇◇◇◇◇◇◇◇◇◇◇◇

Las cinco pautas para realizar este cambio de actitud son:

1. Anotar todos los gastos y analizarlos.

2. Convertir en una prioridad el deshacerse de las deudas.

3. Gastar menos de lo que se gana.

4. Planificar un presupuesto semanal, mensual y anual, y cumplirlo.

5. Proponerse ahorrar de forma constante y continua a lo largo del tiempo, con objetivos de ahorro alcanzables según cada situación personal y concreta.

◇◇

◇◇◇◇◇◇◇◇◇◇◇◇◇◇◇◇◇◇◇◇◇◇◇◇◇◇◇◇◇◇◇◇◇

Rutinas que ahorran tiempo y dinero

Una buena gestión y una buena puesta en marcha pueden ayudar más de lo que pueda parecer, tanto a la gestión de un negocio como a la economía hogareña. A menudo se desperdicia tiempo y recursos en tareas fútiles y malas costumbres, en comportamientos aprendidos, fruto de la inercia, sin detenerse a evaluarlos de manera crítica.

Es fácil perder la conciencia de que el tiempo es limitado, incluso se llega a pensar que es posible conseguir y hacer más cosas que el resto de las personas en el mismo tiempo. Pero esta sensación no ayuda a ser más productivos. No es posible desdoblarse, y no queda más remedio que priorizar y elegir. Conviene plantearse una serie de preguntas:

- ¿Cuáles son las cosas que realmente son importantes ahora?
- ¿Cuáles son las cosas que realmente importarán dentro de veinte años?
- ¿Existen otras maneras de realizar estas actividades? ¿Cuáles son?

Simplificar, planificar, organizar y marcar plazos son los mejores consejos que podemos seguir para ahorrar tiempo y mejorar nuestra productividad, y de este modo, nuestra economía.

- Distribuir un horario semanal por tareas, y una vez a la semana, actualizar los contactos y todo el papeleo. Priorizar unas tareas sobre otras.
- Organizar la jornada. El mejor momento para hacer llamadas telefónicas es a primera hora de la mañana, por-

que normalmente todo el mundo está en la oficina. Dedicar una sola hora al día para revisar el correo electrónico y las redes sociales, y no entretenerse respondiendo a mensajes sin importancia.

- Limpiar, organizar y archivar. Saber dónde se tiene cada cosa puede ahorrar mucho tiempo y preocupaciones.

El asesor, conferenciante y escritor Peter Bregman nos habla en su libro *18 Minutes* acerca de cómo focalizarnos para conseguir aquello que realmente deseamos; es decir, alcanzar nuestras metas, ya sea en el mundo de los negocios, en la economía familiar o en el campo del atletismo.

A través de su experiencia con grupos de consultoría, líderes de las organizaciones más importantes del mundo (como Nike, UNICEF o Clear Channel), llegó a la conclusión de que la plataforma de lanzamiento para el talento es la organización en lo esencial.

En su libro, Bregman habla de dos temas principales: la felicidad y la satisfacción con respecto a la actividad profesional. Muchas personas sienten que tiran a la basura sus días, que podrían hacer mucho más, cosas interesantes, capaces de satisfacerles, relacionadas con sus verdaderos intereses y prioridades. Gracias al enfoque, dice Bregman, es posible llegar a comprender claramente qué es lo que se desea en la vida. «Una breve pausa le ayudará a tomar una decisión inteligente.»

Con objeto de economizar el tiempo y mejorar el rendimiento, nos propone una serie de pasos:

1. Antes de empezar el día, en cinco minutos, preparar un plan de acción. Tomarse un momento para establecer en un calendario las tareas diarias (gastos incluidos).

2. Al final del día, en cinco minutos, revisar el día trans-
   currido. ¿Cuáles han sido las distracciones? ¿Dónde se
   han identificado debilidades? ¿Qué ocurre con los gastos? ¿Qué funcionó bien?

Ser capaces de ver y reconocer cuáles son nuestros malos
hábitos nos permite identificarlos y, con planificación y organización, cambiarlos.

La familia como equipo

Del mismo modo que sucede en un equipo de baloncesto, cada uno de los miembros de un grupo desempeña una función específica. No debemos olvidar este concepto cuando pensamos en la economía familiar: cada uno de los «jugadores» debe tener sus propios roles y sus capacidades y cualidades específicas, pero todos juntos deben estar motivados para avanzar en una misma dirección.

A veces tendemos a olvidar que en la economía familiar los sueldos suelen ser dos, aunque uno quizá sea inferior al otro, o bien solo uno; sin embargo, los gastos se producen entre todos los integrantes de la unidad familiar. Son muchas las ocasiones en que recortamos gastos sin tener en cuenta que una familia es un equipo y que aquello que puede ser superfluo o innecesario para nosotros puede determinar la alegría de nuestra pareja o hijos.

Por ese motivo es necesario, en el momento en que se ha decidido poner manos a la obra, plantear una reunión para determinar las necesidades fijas y compartidas, así como las individuales y los gustos de cada uno. Debemos tener en cuenta desde la factura de la luz hasta la cuota del gimnasio, por ejemplo, aunque lógicamente primero trataremos de cubrir las necesidades que aseguran el bienestar de toda la familia y, después, analizaremos aquellas que son particulares e incluso prescindibles.

Es básico que todos los miembros del equipo entiendan que la economía de la familia no sólo depende de quién aporta los ingresos, sino que todos han de contribuir a que estos ingresos se maximicen y no se desperdicien. Por ello es necesario definir unas reglas familiares de gastos y distribución de esos ingresos.

En el caso de tener hijos, es imprescindible involucrarlos, explicarles cómo se mantiene la economía de un hogar y no engañarles acerca de cuál es la situación. Y, si son suficientemente mayores, es interesante asignarles una paga modesta que tengan que administrar ellos mismos para cubrir sus gastos. De esta manera aprenderán cuánto cuesta ganar el dinero y cómo organizarse para conseguir sus objetivos.

Tres consejos para ahorrar en familia:

1. Recordar que un grifo abierto o una luz encendida son un gasto que, en un principio, puede parecer mínimo, pero que acaba siendo abismal a la larga.
2. Ahorrar para posibles gastos inesperados. Entre todos, es necesario decidir en qué es posible reducir gastos y guardar lo conseguido para posibles vacas flacas o accidentes.
3. Aprender a trabajar en equipo para conseguir determinados objetivos. Si se desea, por ejemplo, viajar en vacaciones, es necesario ponerse de acuerdo para que todos los integrantes de la familia ahorren un porcentaje de su asignación.

Para educar a los hijos acerca del valor del dinero y de la importancia que tiene su buena gestión, existen varios videojuegos que funcionan como simuladores de empresas o comercios. Con ellos, los menores pueden aprender jugando los principios básicos que son necesarios para mantener una buena situación económica.

Por supuesto, éstos no sustituyen a las conversaciones y consejos acerca del uso adecuado del dinero, pero pueden ser un buen complemento.

◇◇◇◇◇◇◇◇◇◇

Shopaholics

Una de las formas más rápidas de dinamitar una economía doméstica es dar rienda suelta a los gastos y compras compulsivas o, como reza la expresión popular, «comer más con los ojos que con la boca».

La crisis ha aumentado los periodos de oferta y descuento hasta conseguir que éstos estén presentes prácticamente durante todo el año. Y esto se pone al rojo vivo cuando llegan ciertas fechas: Navidades, rebajas, verano, etcétera. De pronto, todas las tiendas muestran carteles que nos recuerdan todos esos posibles ahorros virtuales; y la televisión, así como la prensa, la radio e internet, no dejan de anunciar los chollos que nos estamos perdiendo. Se trata de una auténtica campaña de acoso y derribo, una celebración interminable del consumo por el consumo.

Estas ofertas son un imán para todo aquel que dispone de efectivo o tarjetas de crédito, porque de pronto tiene el poder al alcance de la mano, puede conseguir cosas que normalmente le serían inalcanzables. Pero la verdadera pregunta es: ¿de verdad las necesitan?

Éstos son algunos consejos que se pueden seguir para permanecer inmune a la fiebre de las rebajas:

- Planificar los gastos mensuales. Si se trata de una fecha especial, se pueden incluir unos gastos extras en esa planificación, siempre teniendo en cuenta las posibilidades que se tienen.
- ¿Qué es lo realmente necesario? Aunque un traje de hilo esté al setenta por ciento de descuento o se oferten tres cajas de cereales con gominolas al precio de una y el niño

no deje de pedirlas, ¿de verdad son necesarias? No hay que dejarse vencer por la fuerza del dos por uno.

- Hacer una lista de lo que se necesita. De esta manera es fácil controlar qué hace falta, y más complicado dejarse tentar por todos los carteles a la vista.
- Comprar con efectivo. Si no se tiene dinero, es preferible dejar el artículo en la tienda. En ningún caso hay que utilizar el crédito sin control sólo porque haya rebajas.
- No malgastar el tiempo. En ocasiones, las rebajas parecen un auténtico deporte olímpico, pero no se debe olvidar que ese tiempo que se pasa rebuscando entre las prendas, visitando la zona de lácteos para ver si hay nuevas ofertas, o peleándose por un par de zapatos es tiempo que uno no se dedica a sí mismo ni a los suyos. No hay que olvidar, además, el estrés al que se somete al organismo. Ahorrando tiempo también se ahorran economía y salud.
- Antes de hacer un gasto extraordinario o fuera de lo normal, conviene seguir estas sencillas dos reglas: *a)* dejar pasar al menos veinticuatro horas antes de comprar algo que cueste más de cien euros, y *b)* consultar ese gasto al menos con otra persona. Si se trata de un gasto mayor, superior a mil euros, el tiempo que hay que dejar pasar debe ser de al menos un mes.

Mientras sea posible controlar estos parámetros, se puede decir que la situación entra dentro de lo normal. Sin embargo, hay personas que han llevado más allá su compulsión por las compras hasta convertirla en una patología.

Existen compradores compulsivos entre hombres y mujeres, jóvenes y adultos, aunque los productos que motivan su adicción tienden a ser diferentes. La adicción del comprador compulsivo, ya sea en ropa, productos de belleza, complementos, tecnología, etcétera, se mantiene en el tiempo e incluso empeora. Además, la persona que padece la adicción, cuando no la puede satisfacer, se enfada y no se encuentra bien, como un heroinómano que no tiene acceso a su dosis. Y a la postre, ésta es una adicción que afecta gravemente a la vida de quien la sufre, pues sus compras acaban por arruinarlo tanto a él o ella como a sus allegados, cubriéndolos de deudas.

Ésta es una enfermedad de las denominadas «invisibles», porque en nuestra sociedad no se ve como tal. Normalmente, a una persona adicta a las compras la percibimos como a alguien caprichoso y superficial, pero en realidad, a pesar de que parezca feliz y satisfecho, está sufriendo enormemente por dentro.

Hoy en día, un tres por ciento de la población sufre este problema. Buscan llenar un hueco interior que no logran saciar, comprando para encontrar la felicidad y sintiéndose culpables después, incluso escondiendo lo que han adquirido para que los demás no lo vean. Pero ¿cómo diferenciamos a un adicto de una persona que ha enloquecido temporalmente con las rebajas de verano?

Éstos son algunos de los comportamientos que pueden detectarse en una persona adicta a las compras:

- Comprar cosas de forma impulsiva y sin haberlo planificado. Tener sensaciones muy intensas al comprar.
- Realizar compras de objetos que en realidad no necesitan, sólo por su marca, porque se trata de una novedad, etcétera. Comprar para atenuar provisionalmente sensaciones de ansiedad, aunque se trata de un círculo vicioso.

- Comprar a crédito de manera desmedida, y mantener esas deudas en lugar de saldarlas cuanto antes.
- Sentir culpabilidad por comprar y a pesar de eso seguir comprando. Esconder las compras o mentir sobre su precio.
- Descenso de la autoestima a causa de la pérdida de control. Permitir que ese problema influya en la vida personal, familiar, etcétera.

Si la mayor parte de estos comportamientos se han detectado en uno mismo o alguien cercano, es importante buscar la ayuda de un especialista, puesto que ésta es una dolencia que puede tratarse. Como suele suceder, lo más importante es dar el primer paso: reconocer que se tiene un problema.

◇◇◇◇◇◇◇◇◇◇◇◇◇◇◇◇◇◇◇◇◇◇◇◇◇◇◇◇◇◇◇◇◇◇◇◇◇

Utilizar internet para un consumo eficiente

Los resultados de una encuesta realizada en el 2009 en Estados Unidos entre madres de hijos adolescentes, arrojaron los siguientes datos:

- El cuarenta y seis por ciento de las madres afirmaba que el uso de internet la había ayudado a ahorrar dinero dado lo sencillo que resultaba comparar los precios de diferentes establecimientos, así como por el uso de ofertas, cupones de descuento y avisos de rebajas.
- El cuarenta y uno por ciento aseguraba que internet la había ayudado a ser una mejor compradora, más informada, especialmente gracias a los artículos críticos y comparativos sobre diferentes productos de una misma categoría.
- El veintiuno por ciento utilizó páginas de venta de objetos usados para conseguir dinero vendiendo aquello que ya no iba a utilizar.

Esta encuesta de *BIG Research* proporciona tres sencillos consejos para optimizar hábitos de consumo utilizando internet como herramienta de comparación y comunicación. Otras opciones que ayudan a ahorrar dinero son las web de intercambio o trueque, en las que podemos conseguir objetos o servicios que nos interesen sin necesidad de que haya intercambio de dinero en la operación.

Las revistas de consumidores también pueden ayudarnos a mantener un punto de vista crítico y una alerta acerca de los productos que nos rodean. Desde los años ochenta, la tendencia estadounidense a generar impactantes identidades de marca ha acostumbrado a los consumidores de todo el mundo a establecer una relación entre su percepción de la calidad de un producto y lo famosa que sea su marca. A veces, ni siquiera es necesario pensar que un producto es de mayor calidad que otro para desear poseer objetos de una marca concreta, con la que se identifican automáticamente determinados valores.

Hasta los años ochenta, los fabricantes estadounidenses, y con ellos los de todo el mundo, intentaban que las etiquetas fueran lo más pequeñas posible para que no molestaran. Por eso en la película *Regreso al futuro*, cuando el protagonista viaja desde el año 1985 hasta los años cincuenta, su madre cree que la etiqueta que lleva en la ropa es su propio nombre en lugar de la marca comercial que la fabricó.

En *No Logo*, el libro de Naomi Klein, se nos explican con todo detalle las tácticas comerciales de muchas de las marcas más famosas, mostrando la discutible ética de muchas de ellas. En la década de los ochenta, «estos pioneros plantearon la osada tesis de que la producción de bienes sólo era un aspecto secundario de sus operaciones, y que gracias a las recientes victorias logradas en la liberalización del comercio y las reformas laborales, estaban en condiciones de fabricar sus propios productos por medio de contratistas, muchos de ellos extranjeros. Lo principal que producían estas empresas no eran cosas, según decían, sino imágenes de sus marcas. Su verdadero trabajo no consistía en fabricar, sino en comercializar».

Decrecer hacia arriba

La teoría del decrecimiento nos dice que pronto la sociedad capitalista y consumista en la que vivimos llegará a un punto de colapso sin retorno. Los defensores de esta teoría nos invitan a buscar nuevas formas de vivir y evitar ese momento catastrófico.

En los países del primer mundo hemos llegado al punto en que se han rebasado las posibilidades y recursos que nos ofrece el planeta. El decrecionismo nos habla de dar marcha atrás, autolimitando nuestro consumo y explotación, propiciando la regeneración de la Tierra.

En resumen, se trataría de reducir nuestros niveles de consumo, así como de producción. Un cambio que empieza por uno mismo, apoyando e iniciando nuevas alternativas, sin necesidad de reducir en ningún momento nuestra felicidad.

La nuestra es una sociedad de hiperconsumo en la que se nos crea la necesidad artificial de comprar y gastar continuamente para saciar un vacío que nos ha provocado la propia sociedad, generando un creciente malestar. Sólo tenemos que fijarnos en la cantidad de casos de problemas de obesidad o adicciones que hay, un claro reflejo de la sociedad consumista en la que vivimos, en la cual nuestra vida carece de sentido último y sólo buscamos la felicidad en aquello que podemos adquirir para después, en muchos casos, desechar.

El nuestro es un modelo económico de los desperdicios, es decir, la mayoría de nosotros llenamos nuestros hogares de cosas que en realidad no necesitamos. Esto es especialmente grave en el caso de la comida. Entre todos los alimentos que vemos en un restaurante, un bufé o un supermercado, encontraremos esa misma noche en la basura el cuarenta por ciento del total. Un veinte por ciento lo tirará el propio establecimiento, y el otro veinte por ciento lo desecharemos los consumidores.

El economista Serge Latouche nos dice que es posible una vida mucho más plena reduciendo nuestro consumo, nuestras horas de trabajo y, por otro lado, acrecentando nuestra vida social. El ahorro y la sobriedad son los valores que deberíamos aprender a utilizar y potenciar en la situación actual, porque parece que a esta era de la opulencia es posible que le queden pocos días y simplificar la vida ya no es cosa de excéntricos. Empieza a ser imprescindible un cambio radical en nuestra forma de entender la realidad. Es necesario que seamos capaces de generar más valor con menos recursos. Como suele decirse, «no es más rico quien más tiene, sino quien menos necesita».

Una de las medidas que propone esta teoría es la de reducir los horarios laborales y compartir el trabajo, de manera que sea posible disponer de más tiempo libre para la vida familiar y social, consumiendo menos y obteniendo más calidad de vida, quitando importancia a la competitividad, privilegiando la creatividad ante el consumo.

Un estudio reciente indica que se podrían ahorrar miles de millones de euros maximizando y optimizando la producción y los recursos, creando productos más duraderos, sin obsolescencia programada, compartiendo e intercambiando.

Existen varios potenciadores de este fenómeno de gasto continuo: la *publicidad*, que crea una sensación continua de frustración en los ciudadanos y motiva nuevas necesidades que nada tienen que ver con la realidad, y todavía menos, con nuestra felicidad; las fechas de *caducidad*, la gran mayoría falsas o incorrectas, las cuales llevan a desechar grandes cantidades de alimentos que para nada están corruptos; la *durabilidad*, la ropa, los electrodomésticos, el calzado, todo está programado para tener una vida lo más breve posible, retroalimentando la cadena de más producción y más compra, en un bucle imposible de sustentar.

Quien desee encontrar una gran cantidad de ideas de reciclaje, sostenibilidad y consumo consciente y responsable, puede encontrarlas en el completo libro de Toni Lodeiro *Consumir menos, vivir mejor*. Se trata de un grueso volumen repleto de sugerencias de todo tipo para mantener un modo de vida ético y saludable.

Ante el desempleo

Al cambiar el paradigma económico, es necesario replantearse las ideas preconcebidas o heredadas respecto del paro. Es más importante que nunca usar la creatividad para buscar nuevas soluciones y no hundirse. Recientes estudios sobre la problemática psicológica que provoca esta situación demuestran que dejarse llevar por la preocupación equivale a perder trece puntos de coeficiente intelectual o a haber pasado una noche entera sin dormir.

La cantidad y variedad de profesiones a las que es posible dedicarse cambia constantemente. Antes de la Revolución Industrial existía un alto porcentaje de artesanos de todo tipo, cuya cantidad disminuyó drásticamente tras la posibilidad de producir en cadena, de manera sencilla y barata, artículos semejantes a cuya elaboración ellos dedicaban tantas horas. La gran baza de este momento profesional es el auge de internet. Es complicado que alguien se interese en ofrecer trabajo a una persona que está sentada en casa sin hacer nada.

Veamos algunos recursos para estar el menor tiempo posible en el paro:

Utilizar los contactos

Las amistades y las redes sociales pueden ser de utilidad. No es conveniente esconder que se está sin trabajo, ya que exponiendo sencillamente esta situación es posible que el azar nos conduzca hasta alguien que necesita de nuestros servicios. Bajo mi punto de vista, «Linkedin» es una de las mejores herramientas existentes en la red para ello.

Diversificar

Aunque siempre nos hayamos dedicado a una actividad profesional concreta, es importante contar con la adaptabilidad necesaria para cambiar de campo si fuera necesario, incluso de manera drástica. Plantearse objetivos mucho más ambiciosos, o mucho menos: todo vale.

Multiplicarse

Si no se puede tener un sueldo fijo, quizá sí que sea posible llegar a completar su equivalente entre muchas entradas pequeñas. Dar clases particulares, cuidar de mascotas, regar plantas en casas mientras la gente está de vacaciones, vender objetos de punto hechos a mano, etcétera: son muchos los servicios por los que hay gente dispuesta a pagar.

Cambiar de ciudad o de país

A menudo, en algunos lugares se agotan determinadas posibilidades laborales que permanecen muy activas en otros sitios. Hay que informarse, preguntar, estar al día, viajar y explorar. Afortunadamente nuestros jóvenes son muy conscientes de ello, y están viendo que las oportunidades hay que buscarlas en cualquier parte del mundo.

Ofrecerse a trabajar gratis un día o dos

De ese modo los potenciales empleadores pueden comprobar la calidad del trabajo, así como la iniciativa y las ganas de conseguirlo.

Aprovechar y sumar los talentos que se poseen

Si se sabe tocar un instrumento, como el piano o la guitarra, por ejemplo, y hablar y escribir correctamente en inglés, ofrecer clases de ese instrumento en ese idioma es interesante. A muchas personas les puede interesar recibir dos clases por el precio de una. Así, hoy en día, muchas de las actividades extraescolares existentes combinan ambos temas.

Microfinanciación de proyectos

Una de las posibilidades recientes que se ofrece a través de internet para conseguir recursos o fondos, algo necesario si se quiere poner en marcha un negocio, se desea financiar determinado proyecto o se intenta producir un objeto para su venta, es el llamado «*crowdfunding*».

La idea es sencilla: consiste en que las personas interesadas en determinado producto paguen por adelantado la fabricación de éste. Cada proyecto se pone a sí mismo una meta financiera, y si encuentra suficiente apoyo para conseguirla, puede cumplir su objetivo. De este modo se le permite al creador o productor poner en marcha su libro, empresa, disco o película contando con cierta cantidad de dinero inicial y sabiendo que ya cuenta con el respaldo de un sector de su público objetivo.

Las ventajas del *crowdfunding* para los artesanos, artistas, gestores, generadores de contenido, etcétera, es evidente: no dependen de productores ajenos o de financiación externa sujeta a condiciones, sino que reciben el dinero por adelantado y cuentan con el apoyo de un público que a menudo les ayuda a promocionarse en las redes sociales. Por supuesto, no es fácil conseguir que mucha gente se interese por un proyecto y adelante pequeñas cantidades de dinero de su bolsillo (de un euro en adelante) para apoyarlo, dentro del plazo de tiempo que las páginas web establecen para que cada proyecto alcance la cuota necesaria. Éstas son algunas de las claves para conseguirlo:

- Utilizar profusamente las redes sociales de internet para dar a conocer el proyecto. Pedir ayuda a personas que tengan muchos seguidores para que lo publiciten, quizá a cambio de ayudarles a ellos en otra ocasión o de manera equivalente.

- Involucrar en el proyecto a artistas que tengan una base grande de seguidores. Por ejemplo, si se desea financiar un disco, se le puede pedir a un fotógrafo popular que haga la portada, y a un rostro conocido que aparezca en esa fotografía. Muchos incondicionales tanto del fotógrafo como del famoso o famosa en cuestión se sumarán a la lista de colaboradores.

- Explicar con honradez y transparencia el modo en que será utilizado el dinero invertido. Una de las críticas más frecuentes a determinados proyectos es que no han sabido informar adecuadamente a sus suscriptores, lo que crea una sensación de engaño y frustración. Y esos seguidores son la clave de cualquier proyecto.

- Utilizar la creatividad en las «recompensas». Éstas pueden comprender desde recibir una copia digital del producto en cuestión hasta llevarse una camiseta (que también funciona como publicidad indirecta), un dibujo original o una cena con los protagonistas. Es necesario que haya posibilidades de colaboración muy baratas, y es muy útil que también las haya bastante costosas, por si algún mecenas desea invertir en nosotros.

- Hacer un buen diseño gráfico del producto para comunicar efectivamente la idea. Aunque a nosotros nos resulte evidente en qué consiste nuestra idea o proyecto, ya que llevamos meses pensando en ella o él, los posibles interesados no se encuentran en la misma situación. Hay que ponerles las cosas fáciles para que comprendan los conceptos esenciales.

Ya hemos hablado de las ventajas del *crowdfunding*. En muchos casos se ha planteado que podría llegar a sustituir formas tradicionales de producción de bienes culturales (inversión por parte de productoras, empresas de publicidad, editores, etcétera) y se podría presentar en teoría como la opción más democrática para producir cultura, en unos momentos muy complicados para este y otros sectores. Una de las ventajas que nos ofrece es que permite la posibilidad de que la gente contribuya con cualquier cantidad de dinero a fomentar el desarrollo de una iniciativa cultural.

Además, el éxito de esta fórmula de financiación es que es fácilmente aplicable y accesible gracias a internet y a las redes sociales, especialmente para emprendedores. Sus puntos fuertes son:

1. No requiere el desembolso de grandes cantidades y, además, son decididas por cada partícipe.
2. El mecanismo de pago es fácil y rápido.
3. Evita la burocracia y carece de rígidos requerimientos.
4. Es directa, sin intermediarios que encarecen los proyectos.
5. Ideal para la inversión creativa (música, películas, producciones teatrales, financiación de software, videojuegos, etcétera.

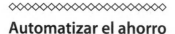

Automatizar el ahorro

El peor enemigo del ahorro es el vivir sólo el presente y la vaguedad. «Ahorrar para el futuro» no es una motivación suficiente. Y tampoco es efectivo guardar los ahorros en la misma cuenta corriente de donde se saca el dinero de los gastos cotidianos y las domiciliaciones, para tener la sensación de tranquilidad. Por culpa de la crisis, la tendencia al ahorro se explica por «el miedo» a perder el empleo («un colchón» por lo que pueda pasar), y no tanto por la planificación financiera a largo plazo.

Para ahorrar de manera eficaz, es necesaria la determinación, y seguir estos consejos sirve de ayuda para eliminar tentaciones:

- **Tener cuentas bancarias diferentes para el dinero en movimiento y para el que se ahorra.** De este modo es fácil comprobar de un solo vistazo los progresos en el ahorro, lo que resulta gratificante. Y, psicológicamente, es más sencillo sacar dinero de una cuenta normal que retirarlo de una cuenta de ahorro, ya que esto obliga a pensarlo dos veces.
- **Pedir al banco que desvíe dinero automáticamente a la cuenta de ahorro el primer día de cada mes.** De este modo es fácil acostumbrarse a no contar con él.
- **Fijarse objetivos de ahorro específicos, y mejor por escrito.** Algo tan sencillo como una nota adhesiva amarilla que se tiene constantemente delante a la hora de trabajar puede reforzar mucho la motivación.
- **Ofrecerse recompensas no monetarias,** como un paseo relajante por el campo o una visita a amigos, cada

vez que se alcance uno de esos objetivos. Es importante desvincular la sensación de placer y de logro al hecho de gastar dinero.

- Cuando se termina de pagar un crédito, en lugar de acostumbrarse a contar con un poco más de dinero cada mes, **hacer que esa misma cantidad vaya a engrosar los ahorros**.

Microeconomía básica

Una de las asignaturas en Economía o ADE es microeconomía. Mientras cursaba el E-MBA en La Salle, Universidad Ramon Llull, en Barcelona, observaba que esta rama, que estudia la economía familiar, individual y empresarial, y cómo éstas se correlacionan con el mercado, era en realidad la aplicación práctica del sentido común. Los análisis microeconómicos se basan en los bienes que consumimos, los precios de los productos y el comportamiento del mercado, centrándose en las decisiones que toma cada unidad, es decir, cada individuo, familia o empresa.

Los consumidores tienen preferencias sobre distintos bienes y servicios, de modo que la teoría del consumidor se basa en estas preferencias, y realiza encuestas y estudios que sirven para determinar qué elegirán los miembros de determinado grupo de consumidores si se les muestran distintas ofertas.

A través de estas investigaciones, se ha llegado a la conclusión de que cada persona elegirá de forma diferente a causa de sus distintas motivaciones, pero que existen patrones comunes a todos, y algunos de ellos son: buscar el producto que esté en mejores condiciones, preferir el que tiene más cantidad del mismo producto y elegir un tercer producto que sea combinación del producto que preferíamos y el que no nos llamaba la atención. Esta ley de «preferir la opción intermedia» es explicada profusamente por Dan Ariely en *Las trampas del deseo*.

Para tomar sus decisiones, el consumidor no sólo hace caso a sus preferencias, sino también al precio de los productos, a su renta y a la disponibilidad de capital; es decir, el consumidor hará todo lo posible para conseguir aquel producto que más le satisface, pero si no puede, por motivos económicos, buscará aquel que le parezca el mejor entre los restantes. A esto se le llama «la maximización de la utilidad», la cual busca el producto a su alcance que le produzca el mayor bienestar posible.

◇◇◇◇◇◇◇◇◇◇◇◇◇◇◇◇◇◇◇◇◇◇◇◇◇◇◇◇◇◇◇◇◇◇◇◇◇

Los siete pecados de la microeconomía

Todos hemos oído hablar alguna vez de los siete pecados capitales, o hemos escuchado frases como «no seas perezoso», «cuidado con esa gula» o «la envidia te perderá». Pero ¿existen estos pecados en la economía? Como dice una ley universal, «tal como es arriba, es abajo». Es decir, que de lo individual se desprende lo colectivo o lo exterior. Por ejemplo, una habitación desordenada tiende a ser el reflejo de una mente y unas emociones confusas. De la misma manera, esos vicios o carencias individuales pueden delatar un punto débil en la economía personal, familiar y empresarial.

1. **Gula**. La ansiedad por consumir. Para mantener una economía sana y sostenible en el hogar o el negocio es necesario, ante todo, un control de gastos y un presupuesto. No planificar los gastos mensuales nos dejará sin una herramienta esencial para saber cómo ahorrar y llegar a fin de mes. Además, esto nos empujará inevitablemente al despilfarro y a acabar devorando todas nuestras ganancias y ahorros.

2. **Lujuria**. La falta de control sobre el deseo. Vivimos en una sociedad consumista que tira de crédito para saciar todos sus deseos, y empobrece un futuro incierto para engordar el presente sin necesidad. El gasto desenfrenado, sin tener en cuenta las necesidades reales y el valor de aquello que compramos, puede llevarnos directamente a la ruina, especialmente si lo sumamos a las tarjetas de crédito y a los préstamos bancarios.

3. **Envidia**. La apariencia y el qué dirán es una de las cosas que más daño pueden hacer a una pequeña econo-

mía. Si el vecino de enfrente se ha comprado un nuevo coche o una amiga ha renovado todo su armario, es posible sentir la necesidad de igualarlos, de crear una identidad ficticia a través de la cartera. Comprar sin pensar en lo que realmente aporta ese bien o servicio, sólo por la máscara que proporciona, es un impulso irracional que puede controlarse con pensamiento crítico y racional.

4. **Pereza**. La respuesta fácil a todos los problemas, el camino rápido y los trabajos e inversiones que prometen mucho a cambio de nada son como un caramelo para un niño. La persona se siente tentada a dejar que las cosas sean rápidas y sencillas, a delegar su responsabilidad en otros, a abandonarse, perdiendo la autonomía y convirtiéndose en un blanco fácil de estafas.

5. **Avaricia**. Es el deseo casi enfermizo de ganar a toda costa, pasando por encima de los demás, mintiendo y engañando, concentrándose en el objetivo y olvidando los medios. Pero igual que algo sube, tiende a bajar, y con la misma rapidez que nos podemos hacer millonarios, terminamos en la calle. La codicia nunca es buena consejera para una buena economía, un negocio rentable o una buena salud mental.

6. **Ira**. Nunca hay que tomar una decisión en caliente ni ir a comprar con el estómago vacío. Las emociones, especialmente las negativas, son las peores consejeras. Es preferible tomarse un par de días para meditar las decisiones importantes: cambiar de trabajo, invertir, gastar un dinero, etcétera.

7. **Soberbia**. No admitir las equivocaciones aboca irremediablemente a errores mucho peores. Si se ha realizado una compra compulsiva y se oculta este hecho, si

se ha perdido un dinero invertido y no se acepta que se cometió un error, si no se es capaz de pedir ayuda cuando no se sabe cómo manejar una situación, no sólo se resentirá la economía, sino también las relaciones con aquellos que viven con nosotros.

Todos estos «pecados» se manifiestan en cualquier economía personal y son aplicables a todo el mundo, desde las familias que luchan para llegar a fin de mes, hasta los que tienen grandes ingresos, o los que manejan grandes cantidades de dinero, como los brókeres. Por mi profesión, trato con deportistas de élite y artistas acostumbrados, muchos de ellos, a una política de «grifos abiertos», en la que todo lo que desean lo pueden tener. Mantener la cabeza fría y los pies en el suelo es la clave para tener un futuro sin preocupaciones y un presente equilibrado, tanto en lo personal como en lo profesional y económico.

Las doce reglas de oro de la austeridad

Éste es un resumen aumentado de todos los conceptos relativos al ahorro y al sentido común en la economía doméstica que se han desarrollado en este primer bloque.

1. Conocer perfectamente la propia situación financiera: conciencia

No contar con los ingresos que están por llegar como si ya hubieran sido ingresados. Pensar en las cantidades netas que se reciben, no en las brutas. Deshacerse de las deudas.

2. Llevar la contabilidad por escrito

Imponerse márgenes de gasto, o *budgets*, y cumplirlos. Al final del libro se ofrece un modelo ilustrativo de hoja de contabilidad individual doméstica.

3. Ahorrar como mínimo el diez por ciento de los ingresos: planificar

Éste es el umbral de ahorro mínimo, pero cuanto más se consiga apartar para el futuro, mejor. Una idea que ayuda a hacerlo es pensar lo que se podría hacer en el presente si se hubiera ahorrado hace cinco o diez años.

4. Evitar la compra emocional

No ponerse a uno mismo en situaciones en las que se sabe que se acabará cediendo a la tentación de comprar. No autoengañarse con excusas de ningún tipo. Ponderar siempre si el gasto compensará a largo plazo o si se trata de un capricho de un momento. Huir como la peste de la venta telefónica.

5. Olvidar el «qué dirán»

Desterrar de la mente el concepto de aparentar. Cuando se va a un restaurante y sobra comida, pedirla para llevar. Negociar. Regatear. Pedir descuentos cuando se paga en efectivo. Comprar cosas de segunda mano si merecen la pena. No tener miedo a realizar acciones que llevan al ahorro porque «eso es de pobres». Fingir o pretender riqueza, en sí misma, no enriquece.

6. Hacer las cosas en persona

No es necesario pagar a nadie para que lave el coche, para que friegue los platos, para que pinte la casa o para que prepare los canapés de una fiesta. Si se trata de cosas que es imposible hacer uno mismo, es preferible el intercambio de servicios (pedirle al jardinero o a la canguro que trabaje a cambio de recibir clases de idiomas o de contabilidad) al intercambio monetario.

7. Valorar lo pequeño

No existen gastos ni ingresos pequeños. Desayunar en el bar, el vermú del mediodía y una caña antes de la cena pueden suponer doscientos euros al mes. Fumar no sólo es terrible para la salud: también es carísimo. Hacer un cálculo real de gastos en gasolina comparados con los que se tendrían utilizando el transporte público. Ir en metro no «es de pobres».

8. Minimizar el gasto en vacaciones y ocio

Los periodos de descanso son precisamente para eso: para descansar. No son para gastarse todo el dinero ahorrado durante el año. Es importante desconectar la relación entre «pasarlo bien» y «gastar», ya que no se trata de categorías equivalentes. Es preferible ir quince días a un camping y poder olvidarse de todo que pasar cuatro en un hotel de lujo. La idea de «me lo he ganado» o «me lo merezco», en este caso, es una trampa, ya que psicológicamente estamos mucho más predispuestos a gastar cuando salimos.

Respecto a los fines de semana, pasar el día en el campo con unos amigos, o hacer una barbacoa familiar, son alternativas infinitamente más baratas y saludables que derrochar en restaurantes o yendo de copas. El coste de una misma bebida o alimento en el restaurante puede multiplicar por diez su precio en el supermercado.

9. No ahorrar en seguros fundamentales, como los del coche, o, en determinados casos, los de salud

Tampoco es necesario tener los más caros. Escoger opciones intermedias, de calidad.

Es fundamental conocerse a sí mismo para saber qué gastos son necesarios y cuáles no. Por ejemplo, las personas con problemas en las articulaciones no deben comprar zapatos baratos. Pero eso no les impide ahorrar en otras cosas.

10. No aumentar los gastos ni el consumo al deshacerse de cuotas de un préstamo o generar nuevos ingresos

Conviene aprovechar la oportunidad para incrementar el poder de ahorro, pero con inteligencia.

11. Comparar los precios de todo aquello que se compra

No sólo de los gastos importantes, como un coche, sino en todos los pequeños gastos maquinales de la vida cotidiana. Utilizar internet para examinar todas las alternativas y posibilidades de compra. Olvidar el concepto de *marca* como sinónimo de calidad. Asegurarse de que lo anunciado como lo más barato es realmente lo más barato.

12. Leer concienzudamente la letra pequeña, y no descuidar ninguna página de un contrato

Tomarse el tiempo de comprender todos los puntos. No firmar ningún documento que no se comprenda plenamente, en todas sus repercusiones futuras.

Pensar a lo grande

¿Se puede llevar una vida diferente o incluso mejor? ¿Por qué conformarse con unas circunstancias sujetas a determinadas inercias en lugar de intentar cambiarlas?

Crecer es posible. El mundo está lleno de ejemplos, de casos de éxito, de personas que sirven de inspiración. Si otros pudieron conseguirlo, ¿por qué no va a volver a suceder? Lo único que está claro en esta cuestión es que sólo aquellos que participan pueden llegar a ganar. Quien ni siquiera lo intenta, se descalifica solo.

Lo importante, desde luego, es no fijar metas descabelladas ni tratar de conseguir resultados apabullantes sin esfuerzo. Por el contrario, si se planean bien las estrategias, si se apuesta por algo que se conoce y por lo que se siente pasión, y si se siguen adecuadamente ciertos pasos, cualquiera puede aspirar a mejorar su situación de manera creativa.

Este segundo bloque habla de cómo emprender, ya sea en solitario o formando parte de un equipo, y de cómo la experiencia del mundo del deporte puede ayudarnos en ello.

Las cosas grandiosas no son necesariamente empresas de éxito mundial. Cumplir con los objetivos personales, por modestos que puedan parecerles a otros, ya puede considerarse como un gran logro.

Mi propia experiencia

Llegar a lo más alto en el deporte no es algo fácil. Por muchas cualidades que se tengan, es imprescindible una motivación muy fuerte y un trabajo diario constante. Mucha gente piensa que sólo es posible obtener los mejores resultados cuando el objetivo profesional se convierte casi en una obsesión, pero no depende de eso.

En mi caso, no fue hasta los quince años que vislumbré que el baloncesto podía ser mi profesión. Hasta esa edad (fiché por el FC Barcelona a los doce años) sólo quería disfrutar cada día de la experiencia de competir con los mejores jugadores de categoría infantil en los campeonatos de España. Cuando al poco tiempo me vi entrenando al lado de mis grandes ídolos del baloncesto, pensé: «Es increíble, tengo que aprender mucho de ellos y trabajar el doble en los entrenamientos si quiero triunfar», pero siendo consciente de que, si todo iba bien, me «jubilaría» a los treinta y tantos y no podía dejar los estudios ni acomodarme en esa privilegiada situación. Dediqué muchos años al baloncesto, hasta que una lesión de rodilla me retiró a los treinta y cuatro años. Fui capaz desde los inicios de crear un entorno de confianza a mi alrededor, delegando los asuntos legales y fiscales y las inversiones económicas en dos personas de mi más absoluta confianza, aunque sin perder nunca el control de la situación, tomando yo siempre la decisión final. Entonces me sucedieron dos cosas que cambiaron radicalmente mi vida.

En primer lugar perdí una parte importante de mis ahorros por no ser consciente de los productos financieros en los que había invertido, pese a tener la sensación de que estaba a salvo de sobresaltos, tal como me había asegurado un banco.

Por otro lado sufrí una lesión inesperada en la rodilla que me obligó a dejar de jugar cuando estaba a punto de firmar un contrato de dos años en Italia, lo que me iba a permitir cumplir mi sueño de ganar las tres ligas más potentes de Europa (ya tenía siete ligas ACB, además de una Liga griega con el Panathinaikos).

No fue algo fácil. Cuando tienes toda tu energía y determinación puestas en algo, y ese algo simplemente desaparece del horizonte, es necesario hacer un fuerte trabajo mental para no enfadarte ni culpar a nadie, escoger un nuevo camino a seguir y volver a empezar.

La pérdida de esos ahorros me sirvió como impulso para decidir tomar el control de mis propios asuntos económicos, ahora que tenía mucho tiempo al retirarme como jugador. Me puse a estudiar análisis financiero y operaciones de renta variable en el Centro de Estudios Financieros de Barcelona (CEF), y me di cuenta de que, si quería hacer las cosas bien, tenía que hacerlas yo mismo. Y empecé a aplicar a mi carrera monetaria la misma determinación y energía que había aprendido a desplegar como deportista.

Contado en un par de folios puede parecer algo sencillo, pero si hay algo que un deportista sabe bien es que todas las carreras son carreras de fondo. No existen los milagros y siempre debes pensar a largo plazo, mejorando continuamente tus aptitudes sin dejar de formarte y sobreponiéndote a todos los imprevistos por duros que éstos sean, con esfuerzo, optimismo y constancia.

Mientras estudiaba, una empresa de marketing deportivo (Media Sports Marketing, del grupo Mediapro) confió en mí y me fichó a principios del 2003. Allí aprendí a aplicar lo que estaba cursando en el CEF, conjugando tanto los valores del deporte como el trabajo en equipo, la disciplina y la planificación con los negocios. Fue una etapa muy bonita, en la que decidí ampliar mi formación cursando un E-MBA en Sports Management en La Salle (Universidad Ramon Llull), donde me reencontré con deportistas amigos como Manel Bosch, Jordi Villacampa, Xavi O'Callaghan, Natalia Via Dufresne o Jordi Sans. Hicimos las prácticas en la universidad americana Saint Mary's School, de San Francisco, lo que nos dio una visión global, experiencia y contactos. Mientras estudiábamos, decidimos crear una consultora destinada a la formación de las organizaciones, a través de nuestra experiencia en la élite del deporte. Natalia Via Dufresne, Jordi Villacampa, Jordi Sans y yo, junto con un profesor de La Salle, creamos Leaders Factory.

Todo esto lo alternaba con mi puesto en Media Sports Marketing, hasta que me fichó el Banco Suizo UBS. Mi trabajo en UBS consistía justamente en aconsejar y asesorar a deportistas de élite como yo en relación con sus inversiones financieras en la unidad Sports & Entertainment. La verdad es que disfrutaba mucho de mi «segunda vida» tras colgar las zapatillas, viviendo todo con una gran intensidad. Años más tarde, dejé Media Sports Marketing y decidí aprovechar toda aquella experiencia y conocimientos para montar una empresa de representación de deportistas al lado del exjugador de baloncesto Manel Bosch, y tres agentes FIFA: Ángel Castell, Ramón Arasa y Raúl Verdú. Esto, sumado a mi actividad profesional en UBS, hizo que muchos deportistas confiaran en mí a la hora de buscar asesoramiento financiero, ya que no sólo había sido «uno de ellos», sino que conocía perfectamente su mundo y disponía de un equipo de profesionales de máximo nivel. La palabra clave en todo esto es generar CONFIANZA, en lo que baso toda mi filosofía profesional.

En el 2007, gracias a un cúmulo de circunstancias, como la negociación de un contrato de publicidad de un conocido futbolista, la organización de un evento de gran éxito en la empresa Close 2 Sports, de la que yo era consejero, y de una conferencia con altos directivos de un banco, propuse la idea de crear en España la unidad de negocio BS Sports and Entertainment, en el Banco Sabadell, de la que fui director hasta el 2011.

Siguiendo con mi estrategia de evolucionar y no dejar de aprender, decidí dar por finalizada la etapa en el Banco Sabadell, sin duda un gran banco, y me incorporé al banco suizo Mirabaud & Cie, que tiene casi doscientos años de historia. Allí, en Ginebra, propuse la creación de una unidad de negocio de ámbito mundial destinado al asesoramiento, gestión patrimonial y de banca privada e intermediación de deportistas de élite, artistas y empresarios, además de grandes fortunas del mundo del deporte, el arte y la cultura, de manera muy personalizada y a medida, sin correr riesgos inasumibles y con un componente muy claro: que sean capaces de ser dueños de sus decisiones, formándoles en la medida de lo posible para que tengan siempre el control de su situación personal. Actualmente he conseguido conectar todas estas experiencias e iniciativas profesionales y vitales para tener una plena autonomía, convirtiéndome en consultor financiero, además de empresario, consejero de empresas, conferenciante o escritor. Y no le pongo límites a nada, sino que disfruto plenamente de una actividad tan frenética, además de conciliarlo óptimamente con mi vida familiar.

Lo importante de todo esto es que la amplia red de contactos de que dispongo y la suma de tantos talentos con ganas de emprender que existen, me hacen estar abierto a nuevos retos y proyectos, pensando siempre a lo grande, sin que nada de lo que me proponga me parezca imposible. Además, tengo el honor de poder aportar mi granito de arena a la sociedad para intentar hacer un mundo mejor y más justo a través de la Fundación Laureus, de la que soy embajador; de la organización Cáritas, con la que colaboro en el programa Embajadores «Con Corazón»; o de la ONG Ánima, dirigida a mejorar la calidad de vida de niños con enfermedades graves o crónicas a través de sus ídolos deportivos, de la que soy patrono.

Escribir es otra de mis pasiones. Los artículos mensuales en el diario económico *Expansión* y las colaboraciones en *La Vanguardia* las alterno con mis proyectos literarios, en los que puedo aportar mi experiencia personal. Viajando por todo el mundo con mi portátil, disfruto enormemente del *hobby* de la escritura.

Pero toda esta frenética y apasionante actividad profesional no sería posible sin el apoyo y el equilibrio emocional que tengo gracias a mi mujer María, y mis hijos Sergi y Anna, a los que adoro, y que son en realidad lo más importante para mí.

Los diez puntos de Bill Gates

El fundador de Microsoft es ampliamente conocido por haber sido el creador del sistema operativo informático más popular del planeta, por haber llegado a ser el hombre más rico del mismo, y por su intensiva labor filantrópica. Su espectacular crecimiento empresarial y económico ha estado ligado a un discurso positivo y visionario manteniendo en todo momento una actitud optimista ante los grandes cambios sociales de nuestra época. Bill Gates es ejemplo de cómo con una mentalidad emprendedora y unas convicciones claras, el éxito acaba llegando.

He aquí los diez puntos que reflejan su filosofía y estrategia como empresario:

1. Mantener la línea de trabajo

No dormirse en los laureles cuando llega el éxito. Fijarse objetivos y no descansar hasta alcanzarlos.

2. Asegurarse de tomar las decisiones adecuadas

Esto se logra analizando las posibilidades, recibiendo asesoría y aprendiendo de personas experimentadas para así poder escoger la mejor opción.

3. Prestar un buen servicio

La satisfacción de los clientes y el compromiso por cumplir lo que se ofrece deben ser igual de fuertes que el deseo de querer alcanzar el éxito.

4. No limitarse

No hay que permitir que nadie defina lo que es posible o no

lo es. Sólo porque otras personas no han podido lograrlo no significa que haya que abandonar el intento.

5. Creer en uno mismo

Sin la fe en el proyecto y en el equipo de trabajo, una empresa no es nada.

6. Deshacerse de la burocracia en el interior del propio negocio

Erradicar los procesos innecesarios e incentivar todas las acciones que promuevan la comunicación.

7. Diferenciarse del resto

Crear una identidad propia a la compañía para que llegue a ser única.

8. Cuidar y revisar de cerca los costes

Maximizar de forma inteligente todos los recursos disponibles.

9. Rodearse siempre de personas inteligentes

Incluso de aquellos que son más inteligentes que uno mismo.

10. Ignorar las opiniones infundadas

Nunca se deben tomar decisiones simplemente por el qué dirán o por lo que hace el resto de la gente.

El poder de la determinación

A los veinte años, Angela Lee Duckworth abandonó un trabajo como consultora en McKinsey para enseñar matemáticas en escuelas públicas de San Francisco, Filadelfia y Nueva York. Allí, después de cinco años dedicada a la enseñanza, comprendió que había una carencia de base en la educación que no le permitía conseguir los resultados esperados con sus alumnos.

«Lo que necesitamos en la educación es una mejor comprensión de los estudiantes y del aprendizaje desde una perspectiva motivacional y psicológica. Porque en la educación lo que sabemos medir mejor es el coeficiente intelectual, pero ¿qué pasa si el éxito en la vida no depende sólo de la habilidad de aprender de forma rápida y fácil?»

Por este motivo se dirigió de nuevo a la escuela de posgrado para completar su doctorado en psicología en la Universidad de Pensilvania, donde ahora es profesora asistente en el departamento de psicología. Allí realiza estudios sobre conceptos intangibles como el autocontrol y la determinación para tratar de predecir el éxito académico y profesional a través de ellos. Sus investigaciones incluyen a estudiantes, cadetes militares y vendedores, a quienes estudia para determinar cuáles son los mejores indicadores del éxito y qué factores lo determinan.

«Estudié casos de niños y adultos en los que mi pregunta fue: ¿por qué algunos tienen éxito y otros no? Fuimos a la Academia Militar de West Point e intentamos predecir qué cadetes permanecerían en el entrenamiento y quiénes se rendirían, después hicimos lo mismo en el Concurso Nacional de Deletreo para ver quiénes avanzarían y cuáles se quedarían por el camino. A continuación estudiamos a jóvenes profesores que entraban a trabajar en barrios difíciles, para predecir cuáles de ellos llegarían a final de curso y quiénes lograrían los mejores resultados. Y en todos estos contextos surgió una característica como indicador del éxito. No fue la inteligencia social, no fue la buena apariencia, la salud física, o el coeficiente intelectual, sino que fue la determinación.»

La determinación, según Lee Duckworth, puede definirse como la pasión y perseverancia para alcanzar metas muy a largo plazo. Requiere resistencia, aferrarse al futuro día tras día, no sólo pensando en esa semana, sino en los años siguientes, trabajando muy duro para hacer realidad ese futuro. «Consiste en vivir la vida como si fuera un maratón, no un sprint.»

«Realicé un estudio en las escuelas públicas de Chicago, donde pedí a miles de estudiantes de secundaria que hicieran mis cuestionarios de determinación y esperé un año para ver quiénes se graduaban. Aquellos niños con más determinación fueron los que tenían más probabilidades de graduarse, comparándolo con otras características como los ingresos familiares, las pruebas estandarizadas, la seguridad que sentían en la escuela.»

Lo más llamativo para Lee Duckworth es lo poco que sabemos sobre la determinación y cómo construirla. «El talento no da determinación, existen muchos individuos con talento que no siguen adelante con sus compromisos. La determinación normalmente no está ligada, e incluso a veces está inversamente relacionada, con las medidas de talento.»

La mentalidad de crecimiento, idea desarrollada en la Universidad de Stanford por Carol Dweck, es la creencia de que la habilidad para aprender no es algo inalterable, sino que puede cambiar con el esfuerzo. Según estos estudios, cuando los niños leen y aprenden sobre el cerebro y cómo cambia y crece en respuesta al desafío, son mucho más propensos a perseverar cuando fallan porque no creen que ese fallo puntual sea una condición permanente. «Ésta es una gran idea para desarrollar la determinación. Tenemos que estar dispuestos a poner a prueba nuestras mejores ideas, desarrollarlas, y ser capaces de aceptar la posibilidad de que estemos equivocados para comenzar de nuevo con las lecciones aprendidas.»

Cambiar la realidad

Albert Einstein dijo que «es una locura realizar una y otra vez los mismos actos esperando resultados diferentes».

¿Por qué no logramos nuestros propósitos o dejamos las cosas a medias? ¿En función de qué decidimos las cosas?

La mayoría de las finanzas personales echan mano de soluciones rápidas, porque vivimos en una sociedad de la inmediatez, sin importarnos las consecuencias de esa celeridad.

A nuestros antepasados esa formulación les funcionaba bien. Vivían el día a día y necesitaban soluciones inmediatas: comida, protección, techo, etcétera. Puesto que al día siguiente podían haber sido devorados por una fiera, se centraban en el presente sin planes de futuro. Pero en la actualidad, y con una media de vida tan larga, necesitamos empezar a cambiar algo más que las cortinas del piso: necesitamos reconstruir los pilares del edificio.

Las soluciones inmediatas consumen menos esfuerzo y recursos, pero esa misma falta de trabajo no nos aporta nada real, sólo son parches momentáneos. Sentimos que nos presionan socialmente para que pongamos una tirita a nuestros problemas y tomemos una pastilla mágica para eliminar nuestros dolores de cabeza, pero olvidamos que esto no cura la verdadera dolencia, sino sus síntomas.

Stephen Covey, en su libro *Los 7 hábitos de la gente altamente efectiva,* explica cómo, después de la Primera Guerra Mundial, la mayoría de los textos sobre crecimiento se enfocaron en este tipo de soluciones rápidas, en lugar de atacar al problema que subyacía en la manera de comportarse de cada uno. En su libro, Covey diferencia entre Ética del Carácter, centrada en los cambios fundamentales en la persona de forma duradera y Ética de la Personalidad, que se centra en los cambios superficiales a corto plazo.

Pero ¿cómo cambiar nuestra Ética del Carácter y así cambiar de verdad? La respuesta está en los paradigmas.

Los paradigmas son un conjunto de creencias, adquiridas desde la niñez, que configuran nuestra realidad. Es decir, para nosotros configuran la realidad que damos por sentada, pero lo cierto es que se trata de una percepción subjetiva. Y para cambiar nuestra forma de ver las cosas y entender los problemas, es necesario que cambiemos esos paradigmas. Para ello es posible realizar un ejercicio muy sencillo:

1. Tomar papel y lápiz y escribir una lista de los gastos y hábitos semanales.
2. Cuando ya se tenga la lista, escoger otro color y escribir al lado el porqué de cada decisión y desde cuándo se viene realizando; distinguir si se trata de algo rutinario, de algo aprendido o repetido o de un nuevo comportamiento, quizá transmitido por nuestra pareja o amigos.
3. Analizar las consecuencias de cada gasto, en qué otra cosa se podría haber utilizado ese dinero.

Todos los significados no imprescindibles vienen condicionados por algún paradigma externo que nos obliga a aceptarlos. Muchas veces, estos hábitos son un goteo constante que deja la cuenta en números rojos a final de mes.

La actitud del emprendedor

Ser emprendedor es una actitud. Algo parecido a la mentalidad del deportista, que sabe que sin esfuerzo y capacidad de superación nunca conseguirá sus objetivos, pero que tiene la virtud de afrontar cada reto con el optimismo necesario, sabiendo que por el camino tendrá que sobreponerse a múltiples adversidades en forma de derrotas, lesiones o fracasos, y pese a ello, aprenderá de cada situación y se hará más fuerte. Los emprendedores sabemos a qué nos enfrentamos y disfrutamos en el camino, ya que nos adaptamos y mejoramos, por eso acabamos consiguiendo lo que nos proponemos a pesar de las dificultades. Las referencias de empresarios que cito en mi libro son un ejemplo de ello. Por esto coincido plenamente con Albert Riba, escritor referente en modelos de emprendeduría y buen amigo. Nos conocimos hace algunos años, cuando estábamos en un proyecto tecnológico en la empresa Kinetical, pionera en la aplicación de software de estadística deportiva en plataformas pda (ahora evolucionados a *smartphones*). En su libro *Mamut* o *Sapiens* nos explica cómo afrontar los miedos que todo empresario tiene a la hora de iniciar un proyecto y cómo superarlos, desmitificando el concepto de fracaso, para convertirlo en aprendizaje. Utiliza la metáfora de la extinción de los mamuts que no se adaptaron al medio y los sapiens (nosotros), que hemos sobrevivido porque hemos sabido emprender. Debemos sacar el sapiens que todos llevamos dentro y evitar que el «mamut» desactive nuestras ideas e ilusiones.

En economía es muy aconsejable tener conciencia de quiénes somos y con qué recursos disponemos, saber gestionar el miedo a lo desconocido, saliendo de la zona de confort, estando preparados para adaptarnos a un entorno complicado, como en el que vivimos ahora, teniendo flexibilidad y saber escuchar, rodeándote de los mejores, como decía Steve Jobs, de quien hablaremos en las siguientes páginas.

◇◇◇◇◇◇◇◇◇◇◇◇◇◇◇◇◇◇◇◇◇◇◇◇◇◇◇◇

Los hábitos que llevan al éxito

Si lo importante es la actitud y la determinación, ¿cuáles son los pasos a seguir para mejorar ambos aspectos? Éstos son los siete aspectos identificados por Covey en el libro mencionado en la página 89.

1. **Comportarse de manera proactiva.** No quedarse en casa esperando a que las cosas sucedan solas. Poner en marcha iniciativas, presentar proyectos, hacer propuestas a inversores o a socios. Quizá sólo una fracción de esos proyectos o iniciativas llegarán a ver la luz, pero son la materia prima necesaria para que las cosas puedan llegar a crecer. Hay muchas cosas que escapan de nuestro control, por eso hay que concentrarse en aquellas que sí pueden ser controladas.

2. **Empezar con un objetivo en mente.** Comenzar los proyectos «porque sí» es menos eficiente que haber planeado cuidadosamente adónde se quiere llegar. Todas las cosas que existen han sido creadas dos veces: la primera, en la mente, y la segunda, en el mundo físico.

3. **Ordenar las prioridades.** Diseñar qué es más importante en el plan que seguir es un trabajo de gran importancia, una de las partes más creativas de un plan empresarial. Para llegar a buen puerto, es importante coordinar este punto con el paso dos.

4. **Pensamiento simbiótico.** Para que alguien gane, no es necesario que otro pierda. Buscar relaciones de colaboración ventajosas para todos los socios. Respetar a los clientes. Actuar con integridad, madurez, buena

comunicación, y con la idea de que habrá beneficios para todos, no con la sensación de que éstos son un bien escaso.

5. **Comprender primero, explicarse después**. Tanto en el ámbito, limitado temporalmente, de una conversación, como en el marco abierto de una negociación que puede durar meses, es fundamental asegurarse de que se ha comprendido completamente el punto de vista del otro antes de dar el siguiente paso. Para ello es indispensable saber escuchar.

6. **Crear sinergias**. Aprovechar la ventaja de tener a más de dos cabezas pensando en una misma dirección. La colaboración puede ser muy enriquecedora precisamente gracias a las diferencias entre los que unen sus esfuerzos. Hay algo de competición creativa y constructiva entre dos personas que reman en la misma dirección. Sin duda alguna, ésta es la clave del trabajo en equipo. Yo, que he sido baloncestista profesional durante tantos años, no concibo otra manera de hacer las cosas. La suma de talentos al servicio de un propósito siempre da mejores resultados que la individualización.

7. **Cuidar la herramienta de trabajo**. Para mantener en las mejores condiciones posibles aquello que es nuestra mina de ideas y nuestro principal recurso, es necesario tratarlo bien. Por supuesto, se trata del propio cuerpo, que hay que cuidar a nivel físico, y de nuestra mente. Los aspectos sociales, emocionales y espirituales también forman parte de esta ecuación.

Siete consejos de Steve Jobs

Steve Jobs, fundador de la compañía informática Apple, fue uno de los empresarios más admirados en todos los ámbitos, tanto por su perseverancia y visión global como por el cuidado y el detalle que imprimía a cada una de sus iniciativas. Éstos son sus siete consejos para alcanzar el éxito.

1. **Dedicarse a aquello que cause entusiasmo.** Resulta francamente difícil estar apasionado por un proyecto, y ser creativo e innovador con las ideas para este proyecto, si no se trata de un campo por el que se sienta una verdadera pasión. El deseo individual de mejorar es lo que impulsa el progreso colectivo y mueve el mundo.

2. **Marcar una diferencia.** El proyecto inicial de Apple consistía en que cada hogar norteamericano pudiera tener un ordenador personal. Jobs supo darse cuenta de que esa tecnología podría ser atractiva para la gente corriente. La pasión es el combustible, pero una buena idea marca la dirección adecuada a la que encaminar esa energía.

3. **Estimular la creatividad propia y ajena.** Si la creatividad consiste, según Jobs, en «conectar cosas», esto puede traducirse en buscar inspiración en otros tipos de industria, relacionando aspectos procedentes de ámbitos diversos.

4. **Vender sueños, no productos.** No hay que pensar en los que compran productos como en «consumidores», sino verlos como personas que tienen sus propios objetivos y necesitan medios de calidad para lograrlos.

5. **Saber decir que no**. Seguramente al cabo de una vida de negocios es necesario haber dicho que no a más de mil propuestas. La clave está en saber elegir, en eliminar lo innecesario para que lo esencial aflore.

6. **Crear experiencias extraordinarias**. Los productos industriales, o los servicios empresariales, tienen el potencial de crear lazos emocionales con sus consumidores. No hay que descuidar ese factor al proponerse montar un negocio. En las tiendas de esta marca no hay dependientes, sino asesores altamente cualificados. Eso marca una gran diferencia.

7. **Dominar el mensaje**. La comunicación corporativa, tanto a nivel interno de la industria como en su faceta cara al público, no es un accesorio en el funcionamiento empresarial, sino uno de sus pilares fundamentales.

En este sentido, el deseo de la marca Apple de *crear valor* tiene mucho que ver con las enseñanzas del filósofo Immanuel Kant: no comportarse con otras personas como a uno no le gustaría que se comportaran con él.

Tratar al comprador como a un borrego es perderle el respeto. Muchas de las historias del éxito de las empresas recientes se basan en este innovador concepto, contrario al de las agresivas «marcas vacías» de los años ochenta, que vendían sólo imagen sin que ésta estuviera respaldada por un producto de calidad.

Steve Jobs demostró que todo es posible. Su célebre discurso en la Universidad de Stanford en el 2005 se ha convertido en una referencia para los emprendedores y se explica en muchas escuelas de negocios. Aquí van algunas citas de su discurso dirigido a los estudiantes, que serán recordadas para siempre, y cuyo mensaje debe tenerse en cuenta:

1. «Tengo el honor de estar hoy aquí con vosotros en vuestro comienzo en una de las mejores universidades del mundo. La verdad sea dicha, yo nunca me gradué.

   »A decir verdad, esto es lo más cerca que jamás he estado de una graduación universitaria.»

2. «... os daré un ejemplo. En aquella época la Universidad de Reed ofrecía la que quizá fuese la mejor formación en caligrafía del país. En todas partes del campus, todos los pósteres, todas las etiquetas de todos los cajones, estaban bellamente caligrafiadas a mano. Como ya no estaba matriculado y no tenía clases obligatorias, decidí atender al curso de caligrafía para aprender cómo se hacía. Aprendí cosas sobre el serif y tipografías sans serif, sobre los espacios variables entre letras, sobre qué hace realmente grande a una gran tipografía. Era sutilmente bello, histórica y artísticamente, de una forma que la ciencia no puede capturar, y lo encontré fascinante. Nada de esto tenía ni la más mínima esperanza de aplicación práctica en mi vida. Pero diez años más tarde, cuando estábamos diseñando el primer ordenador Macintosh, todo eso volvió a mí. Y diseñamos el Mac con eso en su esencia. Fue el primer ordenador con tipografías bellas. Si nunca me hubiera dejado caer por aquel curso concreto en la universidad, el Mac jamás habría tenido múltiples tipografías, ni caracteres con espaciado proporcional.»

3. «Tuve suerte: supe pronto en mi vida qué era lo que más deseaba hacer. Woz y yo creamos Apple en la cochera de mis padres cuando tenía veinte años. Traba-

jamos mucho, y en diez años Apple creció de ser sólo nosotros dos a ser una compañía valorada en dos mil millones de dólares y cuatro mil empleados. Hacía justo un año que habíamos lanzado nuestra mejor creación —el Macintosh—, y hacía poco que había cumplido los treinta. Y me despidieron. ¿Cómo te pueden echar de la empresa que tú has creado? Bueno, mientras Apple crecía contratamos a alguien que yo creía muy capacitado para llevar la compañía junto a mí, y durante el primer año, más o menos, las cosas fueron bien. Pero luego nuestra perspectiva del futuro comenzó a ser distinta y finalmente nos apartamos completamente. Cuando eso pasó, nuestra Junta Directiva se puso de su parte. Así que a los treinta estaba fuera. Y de forma muy notoria. Lo que había sido el centro de toda mi vida adulta se había ido y fue devastador. Realmente no supe qué hacer durante algunos meses. Sentía que había dado de lado a la anterior generación de emprendedores, que había soltado el testigo en el momento en que me lo pasaban. Me reuní con David Packard [de HP] y Bob Noyce [Intel], e intenté disculparme por haberlo fastidiado tanto. Fue un fracaso muy notorio, e incluso pensé en huir del valle [Silicon Valley]. Pero algo comenzó a abrirse paso en mí: aún amaba lo que hacía. El resultado de los acontecimientos en Apple no había cambiado eso ni un ápice. Había sido rechazado, pero aún estaba enamorado. Así que decidí comenzar de nuevo. No lo vi así entonces, pero resultó ser que el que me echaran de Apple fue lo mejor que jamás me pudo haber pasado.»

4. «Cuando tenía diecisiete años, leí una cita que decía algo como: "Si vives cada día como si fuera el último,

algún día tendrás razón". Me marcó, y desde entonces, durante los últimos treinta y tres años, cada mañana me he mirado en el espejo y me he preguntado: "Si hoy fuese el último día de mi vida, ¿querría hacer lo que voy a hacer hoy?" Y si la respuesta era "No" durante demasiados días seguidos, sabía que necesitaba cambiar algo. Recordar que voy a morir pronto es la herramienta más importante que haya encontrado para ayudarme a tomar las grandes decisiones de mi vida.

»Porque prácticamente todo, las expectativas de los demás, el orgullo, el miedo al ridículo o al fracaso se desvanece frente a la muerte, dejando sólo lo que es verdaderamente importante.»

5. «No os dejéis atrapar por el dogma que es vivir según los resultados del pensamiento de otros. No dejéis que el ruido de las opiniones de los demás ahogue vuestra propia voz interior. Y lo más importante, tened el coraje de seguir a vuestro corazón y vuestra intuición. De algún modo ellos ya saben lo que tú realmente quieres ser. Todo lo demás es secundario.»

6. «Seguid hambrientos. Seguid alocados. Muchísimas gracias a todos.»

La empresa como un viaje

Una empresa no debería plantearse como algo aburrido o automatizado. Es mucho más útil e interesante pensar en ella como un viaje estimulante, lleno de sorpresas, en el que podemos encontrar a grandes compañeros, conocer el mundo y llegar a El Dorado.

Mapa: A veces, planificar el viaje es la mejor parte del mismo. Tanto si nos dirigimos hacia terrenos desconocidos como si lo hacemos hacia otros que ya han sido cartografiados previamente, hay que conseguir que el mapa del proyecto se convierta en el mapa del tesoro. En mi despacho tengo una gran pizarra en la que dibujo periódicamente un «diagrama de flujo», una especie de mapa donde represento gráficamente mis proyectos de futuro y el estado de los actuales. Supongo que mi pasión por la informática y la estrategia baloncestística hace que sea capaz de visualizar más claramente dónde estoy y adónde me dirijo.

Brújula: Es conveniente no perder de vista el objetivo inicial. Aunque surjan otras posibilidades en el camino, si se ha marcado un objetivo claro no hay que abandonar la idea de cumplirlo. De otro modo, es difícil medir el éxito y viabilidad de la empresa.

Reloj: Es importante planificar cuidadosamente la temporización del plan de negocio. Si se utiliza la disciplina y se cumplen los plazos, al final podría sucedernos lo mismo que al protagonista de *La vuelta al mundo en 80 días*, y podríamos encontrarnos con la sorpresa de que hemos ganado tiempo en lugar de perderlo.

Maleta: El equipaje tiene que ser ligero. Esto significa que cuanto menores sean los gastos iniciales y las deudas contraídas, mejor.

Pasaporte: No es imposible conseguir que un negocio alcance una extensión internacional. No se debe descartar esta posibilidad en ningún momento. Visitar ferias relativas al negocio en cuestión, no sólo en uno sino en varios países, proporciona una perspectiva de gran utilidad.

Vehículo: No es lo mismo ir a un sitio en avión que a pie. Las grandes inyecciones de capital pueden hacer que un negocio empiece con fuerza desde el principio y consiga llegar lejos. Pero no hay que infravalorar las posibilidades de ser un emprendedor «mochilero», ya que los negocios pequeños y con muy pocos gastos tienen la ventaja de ser muy ágiles, dinámicos y adaptables.

Terreno: Existen regiones más lisas o más montañosas, y las hay llenas de piedras, dunas o arenas movedizas. El estudio de mercado es imprescindible para conocer el tipo de terreno por el que va a «viajar» nuestra empresa para no encontrarse con tropiezos imprevistos.

Distancia: Hay que tener una visión y previsión realistas del tiempo que se va a necesitar para que la empresa empiece a dar frutos. Muchas veces los empresarios novatos se frustran antes de tiempo, sin dejar que se asienten las bases de su negocio y empiecen a producir resultados.

Protector solar y espray antimosquitos: Hay que evitar quemarse. Es imprescindible reconocer los síntomas precoces del estrés y darse un respiro a tiempo, antes de que la ansiedad contamine todo el sistema y pueda producir daños irreversibles. Si en algún momento se siente demasiado estrés o agobio, no hay que pensar que uno es débil por darse un par de días para resetear. Incluso Superman tiene un refugio en el Ártico.

Tiburones versus anémonas

Da la impresión de que el capitalismo salvaje requiere comportamientos agresivos de las empresas. Las grandes historias de éxito empresarial de décadas anteriores se basaban en la depredación de mercados, en la actitud despótica y arrogante, en la falta de respeto e infravaloración del consumidor. Sin embargo, existe otra manera de hacer las cosas. En lugar de seguir el camino del agresivo tiburón, que devora de manera sangrienta todo aquello que encuentra a su paso, hay empresas que escogen el método cooperativo y simbiótico de las anémonas, que protegen a los peces payaso, ayudan a los cangrejos ermitaños a alejar a sus enemigos, y en ambos casos obtienen beneficios por haberles prestado su ayuda.

Algunos casos famosos de empresas que consiguieron grandes beneficios gracias a comportamientos éticos que en un primer momento podrían parecer poco comerciales son las siguientes:

- La empresa farmacéutica Merck and Co. llevó al Japón de posguerra el tratamiento necesario para curar la tuberculosis, ayudando a sobrevivir a un gran sector de la población. Hoy en día, se trata de la empresa farmacéutica con mayor volumen de ventas en Japón. El agradecimiento de la gente hizo que este grupo no dejara de crecer.
- American Express siempre se ha caracterizado por ofrecer un servicio al cliente que va mucho más allá de lo estrictamente necesario, hasta llegar a situaciones llamativas por su entrega.

- Starbucks, a pesar de ser una compañía controvertida a este respecto, ha demostrado con hechos, año tras año, una política sostenible en cuanto a ecología y un compromiso social con productores del tercer mundo.
- L'Oréal fue una de las primeras compañías de Francia en establecer un código ético de conducta. Este esfuerzo por la integridad se ha visto recompensado en numerosas ocasiones, tanto con la confianza de sus clientes como a través de la recepción de numerosos galardones.

Los premios Ethisphere son los que reconocen, en el ámbito de la política empresarial, las iniciativas más sostenibles y benévolas con su entorno y sus propios trabajadores. Cada año elaboran un ranking con compañías de todos los ámbitos.

No hay nada más distinto que el tiburón, con su actitud amenazante, sus múltiples filas de dientes y su apetito por la sangre, que no se detiene ante nada, que la adaptable e inteligente anémona, capaz de pasar desapercibida cuando es necesario y de defenderse cuando es atacada.

Muchos expertos advierten que, a pesar de que las empresas con más valores éticos no suelen ser las que producen más beneficios en sus comienzos, normalmente sí son más longevas. La apuesta por la «línea blanda» da sus frutos a largo plazo, pero éstos pueden ser más que jugosos.

Un negocio desde cero euros

Uno de los errores más comunes a la hora de emprender es pensar que para iniciar un negocio es necesario contar con un cuantioso presupuesto.

A la mayoría de las personas, y especialmente con los tiempos que estamos viviendo, se nos pasa por la cabeza la idea de crear un negocio propio, en el que nosotros seremos los jefes. Esta oportunidad se nos presenta como una manera de sacar jugo a nuestro potencial, aprender cosas nuevas y tener un horario a nuestra medida. Pero cuando empezamos a dar vueltas sobre cómo ponerlo en marcha, de pronto nos quedamos helados, especialmente si no disponemos de capital.

Cuántas veces habremos escuchado la frase «si yo tuviera dinero» o «estoy ahorrando y en X años yo...», pero la verdad es que para crear un negocio propio es mucho más necesaria la imaginación que la bolsa, porque hacer mucho con poco es precisamente el ingrediente esencial que conforma a un buen emprendedor, aquel que sale a la calle y busca clientes directamente.

Ya han pasado casi dos siglos desde que el mundo dio un vuelco y las mayores fortunas cambiaron de manos, dejando de ser sólo de nobles y reyes, y llegando a los más humildes, a aquellos que se han atrevido a tener una idea y llevarla a la práctica, a trabajar de forma dedicada y con gran voluntad en lo que creían.

Si se tiene una idea y se cree en ella, es necesario poner todas las fuerzas en llevarla a la práctica y tener paciencia, porque crear un negocio es un camino de varios pasos, que la gran mayoría abandona antes de ver el final.

Las etapas básicas de un negocio:

1. **Pistoletazo de salida**. Transformar la idea en algo concreto y ponerlo en marcha. En este momento siempre se arranca con mucha ilusión y energía, todo parece posible y emocionante.
2. **Carrera**. Hacer que el negocio ruede, produzca y sea poco a poco lo que habíamos imaginado o, a veces, lo que realmente tiene que ser. En este momento muchos se desinflan, porque se dan cuenta de lo duro que es y de lo complicado que es lidiar con la competencia. Como en todas las carreras, es necesario dosificar las propias fuerzas y hacer acopio de energía.
3. **Fondo**. Después de unos meses de rodaje, logramos establecernos en nuestro mercado y podemos decir que tenemos un negocio, aunque sea humilde. Algunos creen que han llegado a meta, pero en realidad la meta está a años luz, pues ser emprendedor es una carrera de fondo. Además, la gran mayoría abandona antes de llegar a este punto porque lo ven imposible y están agotados. Quien dura y persiste demuestra su pasión por la idea, y suele recibir recompensas.

Más del ochenta por ciento de emprendedores de éxito son personas que han creado su negocio y han hecho fortuna gracias a buenas ideas y a su trabajo continuo, no porque tuvieran un colchón que los apoyara.

Para llegar a ser un gran emprendedor es necesario empezar desde este mismo momento, sin esperar a que aparezca la oportunidad o el capital. El momento adecuado es ahora. Es posible aprender mientras se ponen en marcha las cosas, preguntando a quien sabe más, sentándose con la competencia, los proveedores y los clientes. Lo primero es concentrarse en lo que se tiene y tirar de la creatividad para resolver los problemas.

Algunos consejos para empezar un negocio desde la nada:

- **Comparar y minimizar el gasto en inventario, instalaciones y personal**. Preparar concienzudamente el proyecto de negocio y decidir qué es imprescindible y qué puede reducirse para minimizar el contador de gastos al mínimo.
- **Valorar la posibilidad de crear un negocio sin dinero**, desde casa, por internet, de servicios o a domicilio.
- **Conseguir financiación de socios implicados en el proyecto**, encontrando a personas que también crean en la idea y quieran emprender el mismo viaje.

El decálogo de Carlos Slim

Este multimillonario mexicano empezó su actividad emprendedora siendo apenas un niño. Hijo de un inmigrante libanés que había conseguido levantar unas cuantas empresas desde cero, compaginó sus estudios de ingeniería con la inquietud constante de buscar nuevos negocios y maneras de hacer crecer sus activos.

Éste es el decálogo que ha hecho de él, algunos años según Forbes, el hombre más rico del mundo:

1. Mantener estructuras simples, organizaciones con mínimos niveles jerárquicos. Potenciar el desarrollo humano y la formación interna de los empleados, así como la flexibilidad y rapidez en la toma de decisiones. Operar con las ventajas de la empresa pequeña, que son las que hacen grandes a las grandes empresas.

2. Mantener la austeridad en tiempos de vacas gordas fortalece, capitaliza y acelera el desarrollo de la empresa. También evita los amargos ajustes drásticos en las épocas de crisis.

3. Siempre hay que estar activo en la modernización, crecimiento, capacitación, calidad, simplificación y mejora incansable de los procesos productivos. Es fundamental incrementar la competitividad y productividad. Compararse siempre con los mejores, como si fuéramos atletas.

4. La empresa nunca debe limitarse a la medida del propietario ni del administrador. No hay que caer en la trampa de sentirnos grandes en nuestros pequeños

corralitos y hacer la mínima inversión en activos que no rinden lo suficiente.

5. No hay reto que no se pueda alcanzar trabajando unidos, con claridad de objetivos y reconociendo los instrumentos.

6. El dinero que sale de la empresa se evapora, por eso hay que reinvertirlo.

7. La creatividad empresarial no sólo es aplicable a los negocios, también es la solución a muchos de los problemas de nuestros países.

8. El optimismo firme y paciente siempre rinde sus frutos, al contrario que la euforia o un optimismo fantasioso.

9. Todas las épocas son buenas para quienes saben trabajar y tienen con qué hacerlo.

10. Nuestra premisa es siempre tener presente que nos vamos sin nada, que sólo podemos hacer las cosas en vida y que el empresario es un creador de riqueza que la administra temporalmente.

Ferran Martínez y Carlos Slim en ESADE.

◇◇

Conocer y comprender la propia motivación

A lo largo de la vida, nos enfrentamos a todo tipo de retos. Están los grandes, como acabar los estudios, conseguir un empleo, conquistar a la persona amada; y algunos más sencillos, como aprender un idioma por placer, terminar un puzle o una maqueta, dejar de tomar postres para controlar el peso.

¿No resulta curioso que, con frecuencia, llevemos a cabo los primeros mientras que a menudo abandonamos los segundos, supuestamente más sencillos?

Para tener éxito en una iniciativa, sea la que sea, hay que conseguir desplazarla hasta el lado de nuestra mente que controla «lo importante». Por pequeño que sea el negocio o la fuente de ingresos, si la propia persona que los impulsa no cree totalmente en ellos, si piensa que son un pasatiempo, ¿quién va a darles importancia?

En este sentido, es necesario autoentrenarse para conocer y controlar los resortes de la propia motivación. El tiempo es demasiado poco para emprender caminos que no vayan a recorrerse con entusiasmo y firmeza. Como dice el maestro Yoda: «No lo intentes: hazlo, o no lo hagas».

◇◇

Siempre hay que poner en marcha proyectos como si se tratara de algo necesario, imprescindible, no como algo accesorio o complementario. La manera de conseguir algo es el convencimiento de que conseguirlo es una obligación y no una opción.

◇◇

La creatividad como estrategia

Es frecuente la creencia en la idea de que la creatividad es un «don divino», una cualidad innata que se posee o no se posee. Sin embargo, la creatividad no sólo puede entrenarse, sino que es una herramienta de gran utilidad en todos los aspectos de la vida cotidiana.

Existen muchos ejemplos de su importancia en el día a día: en la nevera sólo quedan tres cosas y es necesario improvisar una cena con ellas. Se acerca el cumpleaños de un ser querido y no se dispone del dinero para comprarle el regalo que nos gustaría. Un niño pequeño nos hace una pregunta comprometida de la que es imposible salir con éxito diciendo la verdad exacta.

En todos estos ejemplos es necesario utilizar el pensamiento lateral o el razonamiento creativo. ¿Por qué no hacer lo mismo con las estrategias económicas?

El pensamiento creativo consiste básicamente en relacionar aspectos que aparentemente son distantes entre sí. Se empieza haciendo acopio de datos, ideas iniciales y posibilidades, como si se tratara de materias primas, y luego éstas se elaboran hasta encontrar las piezas que encajen perfectamente y de manera novedosa.

Por tanto, la creatividad requiere de una gran nube de información. El punto de partida es reunir una gran cantidad de datos e intentar descubrir afinidades entre ellos. Una buena manera de empezar a reunir conceptos para trabajar con ellos es plantearse las llamadas «seis uves dobles», concepto que procede del inglés y que se utiliza con frecuencia en periodismo:

What?	¿Qué?	Identificar la palabra clave de la cuestión.
Who?	¿Quién?	Saber quiénes son las personas relacionadas.
When?	¿Cuándo?	Conocer el contexto temporal.
Where?	¿Dónde?	Conocer el contexto local.
How?	¿Cómo?	Describir el proceso, la manera en que sucedió o podría suceder.
Why?	¿Por qué?	Cuáles son o han podido ser las causas.

◇◇◇◇◇◇◇◇◇◇◇◇◇◇◇◇◇◇◇◇◇◇◇◇◇◇◇◇◇◇◇◇◇

En términos de economía y negocios, a estos seis parámetros podríamos añadir otros dos:

¿Cuáles van a ser los gastos? No sólo económicos: temporales, sociales, etcétera.

¿Cuándo se saldará la deuda y/o se empezarán a obtener beneficios?

◇◇◇◇◇◇◇◇◇◇◇◇◇◇◇◇◇◇◇◇◇◇◇◇◇◇◇◇◇◇◇◇◇◇◇◇

Otro interesante sistema para promover la creatividad y para analizar una situación desde todos sus aspectos es el de Edward De Bono, que expone en su obra *Seis sombreros para pensar.*

1. Sombrero blanco: los hechos

Recabar todos los datos objetivos disponibles respecto a la cuestión. Amasar la mayor cantidad de información que se tenga al alcance.

2. Sombrero rojo: las emociones

Tratar de ponerse en el punto de vista emocional de las personas implicadas, incluyendo potenciales clientes.

3. Sombrero negro: los inconvenientes

Aquí hay que hacer de abogado del diablo, y buscar todos los posibles fallos o aspectos negativos del plan inicial.

4. Sombrero amarillo: los puntos positivos

En este caso se trata de lo contrario: hacer una lista completa de todo lo que puede salir bien.

5. Sombrero verde: abrir alternativas

Consiste en imaginar la misma empresa o situación en condicional: qué sucedería *si* las cosas se hicieran de otro modo.

6. Sombrero azul: pensamiento crítico

En esta última fase se debe hacer una evaluación global de todos los procesos anteriores, de manera autorreflexiva.

Como puede observarse, se trata de tres sencillos pares de opuestos: objetividad-subjetividad, puntos en contra-puntos a favor, creatividad-crítica. Pueden resultar tremendamente útiles para evaluar una situación en su conjunto. El enfoque contrario, o complementario, consiste en partir de lo pequeño, de los detalles, e intentar sacarle a cada factor o elemento todo el partido posible.

◇◇◇◇◇◇◇◇◇◇◇◇◇◇◇◇◇◇◇◇◇◇◇◇◇◇◇

Brainstorming y mapas mentales

Otras dos grandes herramientas del pensamiento creativo son la llamada «tormenta de ideas», o «*brainstorming*», y los mapas mentales. Ambos métodos tienen aspectos en común.

El *brainstorming* consiste en volcar sobre un papel una presentación, un vídeo o cualquier otro formato, cualquier idea vagamente relacionada con el tema a tratar, por descabellada que parezca. Se puede hacer en equipo o de manera individual. El objetivo es generar un sustrato de connotaciones, significados, utilidades y posibilidades; una madeja de palabras, ideas e imágenes que sirvan para ser procesadas después. Cuando trabajaba en Media Sports Marketing, del grupo Mediapro, en las instalaciones de la ciudad de la imagen Imagina, antes de llegar al despacho, pasaba siempre por las oficinas de una de las productoras audiovisuales del grupo. Allí había una mesa de ping-pong y una gran pizarra, un balón de fútbol y una mesa con sillas y ordenadores. El entorno de los trabajadores invitaba a la creatividad y tenía poco o nada que ver con las oficinas que entendemos como normales. Supongo que ese entorno estimulaba la imaginación de los actores y guionistas. Las ideas de los creativos surgían como una tormenta de pensamientos que apuntaban en la pizarra, cuando tenían la mente relajada, jugando o conversando mientras daban unos toques al balón.

En el *brainstorming* hay que tomar nota de cualquier propuesta, en desorden, incluyendo todo lo que se nos pase por la cabeza, aunque se trate de ideas absurdas, sin detenerse a sopesar su viabilidad o pertinencia.

Un método algo más depurado, que puede realizarse a continuación de una «tormenta de ideas», ordenando las propuestas o ideas obtenidas, o sustituyéndolas, es el «mapa mental».

El concepto central del mapa se escribe en el centro de un papel. Cuanto más grande sea éste, más espacio habrá para desarrollar los diferentes conceptos. A continuación se sacan ramas desde esa casilla central. Hay que intentar abrir los campos de exploración todo lo posible.

En cada una de esas ramas que parten del concepto central, se escriben ideas relacionadas entre sí, siguiendo los temas de cada hilo. Se pueden utilizar las «seis uves dobles», los «seis sombreros», o cualquier otro tipo de organización de la información que se desee, como por ejemplo éste:

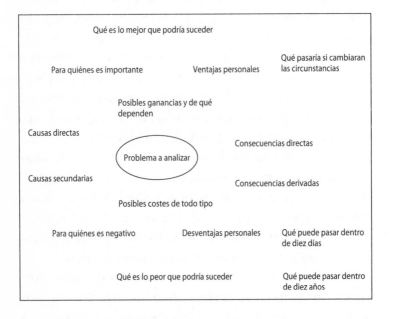

Estos esquemas recuerdan a los anteriormente mencionados diagramas de flujo, es decir, mapas que permiten conectar o interrelacionar los conceptos, y dirigirlos hacia una u otra rama. Los utilicé cuando estudiaba programación a principios de los noventa, y siguen siendo un gran método a la hora de iniciar un proyecto. Una visión global de la situación siempre ayuda a que cada individuo por separado dé lo mejor de sí mismo.

◇◇◇◇◇◇◇◇◇◇◇◇◇◇◇◇◇◇◇◇◇◇◇◇◇◇◇◇◇◇

Cinco consejos de Richard Branson

El fundador de Virgin creó su primera compañía con veinte años. El nombre se lo sugirió una amiga que sólo tenía dieciséis. Le pareció llamativo, fácil de retener y acertó. Richard Branson es la única persona del mundo que ha puesto en marcha ocho compañías en ocho campos distintos, consiguiendo que todas ellas hayan llegado a valer más de un millón de dólares.

Éstos son cinco de sus consejos para emprendedores, que también pueden aplicarse a otros terrenos de la vida.

1. No hay que tener miedo de los cambios, sino saber cómo manejarlos

Las compañías no están hechas a prueba de imprevistos, y no existe nada que dure para siempre. Los empresarios tienen que poseer una gran capacidad de adaptación, y evitar los sentimentalismos nostálgicos. A veces hay que llevar a la compañía hacia una nueva dirección porque las circunstancias y oportunidades así lo requieren. Es necesario encontrar maneras de hacer para que los empleados piensen como emprendedores, ya que cuanta más responsabilidad se le otorga a alguien, mejor desempeñará sus tareas.

2. Cuando se han cometido errores, hay que rebotar, no caerse

Las decisiones que se toman no son siempre las mejores. Todo el mundo comete errores. Lo mejor que puede hacerse en esos casos es asumirlo. No es que la honestidad sea la mejor estrategia: es que es la única. No hay que permitir que los errores cometidos lo consuman a uno. Hay que destapar el problema, enfrentarse a él y arreglarlo a tiempo.

3. No se puede empezar un proyecto sin correr riesgos

Branson dice que uno de sus consejos preferidos es: «Puede que los valientes no vivan para siempre, pero es que los cobardes no viven en absoluto». Todos los negocios implican cierto grado de riesgo. El éxito no suele derivarse de la prudencia extrema. Uno puede equivocarse y fracasar, pero no existe el fracaso total. De todas las experiencias negativas se obtiene, como mínimo, una valiosa lección.

4. La primera impresión lo es todo. La segunda también

Suele decirse que sólo hay una oportunidad para causar una buena primera impresión. Lo mismo sucede con la segunda. La primera impresión que se causa en un cliente suele producirse cuando éste contrata los servicios de una empresa o adquiere uno de sus productos. La segunda normalmente tiene lugar cuando ese cliente tiene un problema con ese producto o servicio. Estar presente y ofrecer un buen servicio cuando las cosas no son perfectas es una manera mucho más segura de fidelizar a un cliente que crearle expectativas que luego sólo se cumplen de manera deficitaria.

5. La perfección es inalcanzable

Existe un gran riesgo en permitir que la gente llegue a pensar que ha logrado que algo sea perfecto. Cuando creen que han alcanzado un pleno, tienden a quedarse sentados y dormirse en los laureles mientras muchas otras personas siguen trabajando incansablemente para superarles. Branson nunca otorga la máxima puntuación cuando calibra la eficacia de sus empleados, por mucho que éstos hayan obtenido grandes éxitos. Todo puede mejorarse, siempre hay sitio para una innovación que mejore las circunstancias actuales.

Jugar en solitario

En la situación actual son muchas las personas que deciden trabajar por su cuenta o crear su propia empresa. Ya de por sí, mantener esta situación con éxito es algo complicado, pero si además sumamos los problemas económicos y de financiación que estamos viviendo actualmente, parece que cada día sea más difícil ser autónomo sin acabar arruinado.

Para poder cumplir nuestro objetivo es importante encontrar el equilibrio entre la economía personal o familiar y la profesional o de empresa. Si a nivel personal uno es incapaz de llevar las finanzas, debe olvidarse de gestionar las de su propio negocio. Un consejo que puede evitar muchos problemas es buscar ayuda profesional. Y, sobre todo, no mezclar la economía familiar con la de la empresa, porque cuando esto ocurre es sencillo que ambas terminen en mala situación.

Los seis errores más frecuentes del emprendedor son:

1. **No conocer el mercado.** Dar por sentado prejuicios y aceptar como realidades ideas que en realidad son deseos.

2. **Infravalorar la importancia de una buena contabilidad.** Parece que «si las cosas van bien, van bien», sin que sea fundamental conocer cada detalle burocrático. Pero unas cuentas al día y saneadas evitan gastos innecesarios y otros errores más graves.

3. **No pagarse primero a uno mismo.** Es un gesto muy simple, pero que funciona de verdad. Cuando hay una

emergencia en un avión, la primera mascarilla de oxígeno es para el adulto, y sólo después se le pone al niño que está al lado.

4. **No hacer suficiente inversión en publicidad.** Esta inversión puede ser monetaria o en tiempo, a través de las redes sociales e internet en general.

5. **Ofrecer muy buen servicio al principio para descuidarlo más adelante.** La constancia y el servicio homogéneo y regular son la clave del éxito a largo plazo.

6. **Pensar en el cliente como en alguien menos inteligente,** a quien es posible y deseable ofrecer menos a cambio de más.

La estrategia Amazon

Amazon es una de las empresas digitales más famosas, y por una buena razón. Su fundador, Jeff Bezos, es un visionario que supo apostar por un modelo de negocio innovador, y que desde los inicios de la compañía no ha dejado de incorporar nuevos cambios, formatos y recursos.

Sus consejos para emprendedores son los siguientes:

1. Mantener alto el listón al contratar

«Prefiero entrevistar a cincuenta personas y no contratar a nadie que contratar a la persona errónea.»

No se debe infravalorar el impacto que puede causar en un entorno una sola persona, especialmente si está en un puesto directivo o de poder. El talento y la personalidad son igualmente importantes. No se puede hacer que alguien encaje con la filosofía de una empresa si ésta no armoniza con los principios personales de quien contrata. Un cordero nunca podrá comportarse como un lobo, ni al contrario. Este consejo también es aplicable para los autónomos, a la hora de escoger proveedores, socios o incluso grandes clientes. El factor personal no es una variable sin importancia en el mundo de los negocios.

2. Ser tenaz, pero flexible

Hay que ser tenaz en cuanto a la visión, respecto a la meta a lograr y la concepción general del proyecto, pero flexible en los detalles y en la manera de hacer las cosas. Si hay falta de tenacidad, uno se dará por vencido demasiado pronto; si la flexibilidad es poca, se dará de cabezazos contra la pared y no será capaz de ver las posibles soluciones alternativas al problema que se tenga entre manos.

Más que un consejo del mundo de los negocios, esta frase parece un mensaje de un maestro taoísta, y también es aplicable a todos los estratos de la experiencia. No sólo sirve para describir al jefe perfecto, sino a toda persona equilibrada y sensata.

3. Saber cuándo hay que saltarse el reglamento

Desde sus inicios, Amazon tuvo una meta ambiciosa: poner a la venta todos los libros del mundo. Antes de poner la web en marcha, muchos editores recomendaron a Jeff que siguiera la estrategia de las grandes editoriales: apostar por un pequeño número de *best sellers*, especializándose en los géneros más comerciales. «Todo el mundo, con sus mejores intenciones y con gran capacidad de juicio, nos recomendó que no lo hiciéramos. Era un buen consejo, pero nosotros lo ignoramos. Sin embargo, aquel error se acabó convirtiendo en una de las mejores cosas que le sucedió a la compañía.»

4. Hacer reuniones pequeñas

En negocios es sabido que cuanta más gente esté presente en una reunión, mayor tiene que ser la duración de ésta.

En los primeros días de la empresa, Jeff dictó una regla que sigue vigente: no establecer reuniones en las que haya más de siete personas. La capacidad de diálogo, la efectividad y la brevedad son la clave del éxito de esta táctica.

5. Seguir la intuición

Jeff dejó una cómoda carrera en Wall Street para entrar en un mundo del que sabía muy poco. No era un experto en tecnología, ni logística, ni edición. Sin embargo, tenía una imparable fe en el proyecto.

«Sabía que si no empezaba aquel proyecto, aún seguiría arrepintiéndome a los ochenta años.»

Hay riesgos que merece la pena correr una vez que se han estimado todos los posibles pros y contras.

6. Simplificar es bueno

A veces, en el mundo de los negocios, basta con resolver un problema importante desde un punto de vista económico, y todo lo demás se irá encajando solo. Bezos siempre ha tratado que sus empleados no intelectualicen demasiado los problemas de la empresa. La lógica, el sentido común y la opinión de los clientes son los mejores consejeros.

Ser un buen jefe

Tanto si sólo se tiene un empleado o empleada, que es uno mismo, como si se está al cargo de un grupo de gente, éstos son los consejos más importantes a seguir:

1. **Creer tanto en el proyecto como en los empleados.** Lo primero es necesario para dinamizar y crear expectativas, y lo segundo para mantener alta la moral tanto de forma individual como colectiva. Nadie trabaja del mismo modo en un cohete que llegará hasta la Luna que en un barco que puede hundirse en cualquier momento.

2. **Poner «metas volantes».** Estos pequeños objetivos a corto plazo, que podemos llamar «metas volantes» por utilizar un término deportivo, son fuente de motivación y proporcionan la gratificante sensación de un objetivo cumplido. Es importante comprobar que el proyecto avanza y que el trabajo cotidiano da frutos, especialmente cuando se trata de proyectos de duración muy prolongada en el tiempo.

3. **Tratar por igual a todos. Esperar lo máximo de cada uno.** En pedagogía existe un concepto llamado «efecto Pigmalión». Fue descubierto por Rosenthal y Jacobson, y consiste en que aquellos alumnos en los que los profesores depositan mayores expectativas obtienen mejores resultados académicos. Aunque las esperanzas de que esos alumnos destaquen nunca hayan sido formuladas verbalmente por los profesores, éstas son percibidas y sirven de fuerte motivación. Por el contrario, aquellos alumnos en quienes ni siquiera sus profesores confían tienen muchas

más posibilidades de fracasar. Mi lema para mantener la motivación es el siguiente: «Los elogios en voz alta y las críticas en voz baja».

4. **Premiar los buenos resultados, pero también la constancia, la perseverancia.** Es importante motivar al equipo para que sus miembros sientan que forman parte del proyecto y lo consideren como propio, como un reto personal además de profesional. En este sentido hay mucho que aprender de la empresa-familia de la cultura japonesa, en la que todos sus empleados están orgullosos de pertenecer a determinada corporación y sienten que ésta forma tanta parte de su propia identidad como la adhesión a un club deportivo o la pertenencia a una determinada nación.

5. **Mantener un entorno laboral agradable, tanto física como psicológicamente.** Está comprobado que trabajar en un lugar amplio, despejado y luminoso, con plantas cerca, mejora exponencialmente la productividad. Sin embargo, modificar el entorno de trabajo por decisión jerárquica o por imperativo del jefe («La empresa ha tomado la decisión de reducir el espacio y no se admite discusión al respecto») provocará siempre desmotivación si no se explica bien la causa de ese empeoramiento.

6. **Implicar a los empleados en el proyecto**, creando vínculos de pertenencia y fidelidad. Hacer que participen activamente y se impliquen en el proyecto empresarial, igual que en los equipos de baloncesto, en que se asume que, si el equipo gana, cada uno de los miembros del grupo, desde el que juega más hasta el que tiene pocos minutos, gana también y es tan importante como los demás.

◇◇◇◇◇◇◇◇◇◇◇◇◇◇◇◇◇◇◇◇◇◇◇◇◇◇◇

Pensar como un empresario

Los emprendedores piensan de un modo diferente. No utilizan sus energías para tratar de adaptarse al mundo que les rodea y conformarse con sus circunstancias de la mejor manera posible, como la mayor parte de la gente, sino que focalizan todo su esfuerzo en conseguir unos objetivos que se han trazado.

Los grandes emprendedores corren riesgos, pero no cualquier tipo de riesgos. Sólo ponen en peligro su tiempo y su dinero cuando tienen buenas razones para pensar que ese riesgo puede dar jugosos frutos.

Pero lo más importante de la mentalidad de un empresario es su capacidad y deseo de comunicar a otras personas su proyecto y su visión. En cierto modo, todos los grandes emprendedores deben ser antes excelentes «vendedores», muy buenos «comerciales», y son capaces de impregnar de entusiasmo tanto a sus colaboradores como a sus socios e inversores.

◇◇◇◇◇◇◇◇◇◇◇◇◇◇◇◇◇◇◇◇◇◇◇◇◇◇◇◇◇◇◇◇◇◇◇

Las tres claves para pensar como un empresario:

1. **Escoger un campo que apasione, en el que se tenga talento.** Como dice Warren Buffet: «El dinero es un subproducto de algo que me gusta mucho hacer».

2. **Aportar valor.** No producir productos o crear servicios que uno mismo no consumiría.

3. **Diferenciar el producto.** Buscar una identidad propia y llamativa. Utilizar las redes sociales.

◇◇◇◇◇◇◇◇◇◇◇◇◇◇◇◇◇◇◇◇◇◇◇◇◇◇◇◇◇◇◇◇◇◇◇

◇◇◇◇◇◇◇◇◇◇◇◇◇◇◇◇◇◇◇◇◇◇◇◇◇◇◇◇◇

Emprender a partir de los cuarenta

Fundar un negocio no es una actividad reservada a las personas que acaban de terminar sus estudios. Cualquier edad es buena para intentarlo si se cuenta con una buena idea, un plan de negocio detallado y cocinado a fuego lento, y una motivación entusiasta, suficiente para trabajar sin descanso durante los primeros años. Así lo demuestran estos casos de éxito:

Maria Maccecchini

Después de doctorarse en Bioquímica, Maria Maccecchini trabajó varios años en investigación, en el ámbito universitario. No empezó a trabajar en una empresa hasta tener treinta años. Once años después, tras pasar por varias empresas y experimentar cómo era el verdadero trabajo de gestión, se dio cuenta de que ella misma podía crear su propio negocio. En 1992 fundó Annovis, una compañía especializada en investigación sobre las células nerviosas. Durante varios años, la compañía desarrolló investigaciones pioneras que aumentaron su valor, de modo que antes de cumplir los cincuenta, Maccecchini consiguió venderla por más de quince millones de dólares.

Wally Amos

Este emprendedor comenzó trabajando en el departamento postal de la agencia William Morris. Fue ascendiendo rápidamente hasta convertirse en uno de sus agentes, representando a artistas como The Supremes. Pero al cabo de un tiempo, sintió que aquel empleo no le resultaba satisfactorio.

Preguntándose qué hacer a continuación, convirtió uno de sus *hobbies* en una empresa. Siempre había disfrutado haciendo galletas con trozos de chocolate. A partir de algunos préstamos de amigos que llevaban años disfrutando de sus galletas, abrió su primera tienda en Los Ángeles justo antes de cumplir los cuarenta años.

Cinco años más tarde, la tienda se había convertido en una marca a nivel nacional, que distribuía su producto en grandes almacenes, y facturaba un volumen de ventas anual de doce millones de dólares.

Sus secretos para el éxito fueron su certeza y entusiasmo acerca de la calidad de su producto y la colaboración entre todos los miembros de su equipo. «Lo único que se puede hacer en solitario es fracasar. Para que todo salga bien, hay que guardarse el ego en el bolsillo.»

Martha Stewart

Antes de convertirse en empresaria, Stewart trabajó varios años en Wall Street. Era bróker para una firma pequeña. Se tomó unos años de descanso para restaurar una casa antigua perteneciente a su familia en Westport, Connecticut.

A los treinta y cinco años puso en marcha un negocio de catering que regentaba desde su propio hogar. A lo largo de la siguiente década, sus clientes aumentaron y consiguió captar el interés de varias personas famosas y grandes empresas, lo que le hizo obtener beneficios de más de un millón de dólares.

A los cuarenta y un años empezó a publicar libros, que alcanzaron un gran éxito y la convirtieron en una autoridad en temas de estilo de vida, decoración doméstica, cocina y preparación de eventos. Consiguió tener su propia revista e incluso un programa de televisión, y se convirtió en billonaria a los cincuenta.

La importancia de los recursos

En su libro *Economía para todos*, Chen-Loh Cheung identifica como factor fundamental en cualquier actividad económica el conocimiento y gestión adecuada de los recursos. El libro cuenta la fábula de Valérie: una cocinera que desea montar un restaurante, los retos a los que ésta se enfrenta, y las enseñanzas que adquiere de ello. Esta historia funciona como metáfora de la estructura empresarial.

Es raro que una sola persona pueda llevar a cabo satisfactoriamente todos los aspectos de un negocio. Es importante identificar cuáles son las tareas que uno mismo puede desempeñar y en qué otras debe delegar o subcontratar servicios. El capital humano es tan relevante como el monetario.

También es importante resaltar la calidad de las materias primas, tanto físicas como intelectuales. Sin una inversión previa en materiales o contenidos, es difícil poder ofrecer productos de calidad. El acabado final también es un factor clave, y depende de la competencia del personal cualificado encargado de ello.

El autor distingue varias reglas de la economía, entre las cuales son de especial importancia para el emprendedor estas seis:

1. Todo trabajo requiere los recursos adecuados.
2. La especialización es necesaria.
3. Sólo las personas motivadas mueven el engranaje de la economía.
4. Para tener éxito es indispensable disponer de las habilidades específicas.

5. Las inversiones son la clave de todo éxito económico.
6. La satisfacción del cliente determina el futuro de la empresa y del trabajador.

Las ideas de recurso, materia prima y factor humano están relacionadas entre sí. Todas sugieren que, al contrario de lo que opinan algunos empresarios, la parte más importante de la pirámide es la base, ya que si ésta falla el edificio se derrumba entero.

◇◇◇◇◇◇◇◇◇◇◇◇◇◇◇◇◇◇

El poder de la escasez

Cuando muchas empresas ofrecen un determinado producto o servicio, el precio de éstos se abarata necesariamente, porque los diferentes proveedores compiten entre sí. Por el contrario, cuando algo tiene un único proveedor, éste puede pedir precios elevados por ese bien escaso.

Esta sencilla reflexión explica por qué somos capaces de pagar mucho dinero por tomar un café dentro del recinto cerrado de un aeropuerto, o en el servicio de habitaciones de un hotel de carretera perdido en medio de la nada: no tenemos otra opción. También explica por qué compramos más estando de viaje, impulsados por esa tramposa idea de «donde yo vivo no se puede adquirir esto».

En *El economista camuflado*, Tim Hardford explica la diferencia entre poseer un local en el centro de la ciudad, con el gran caudal de gente que eso supone, y pagar menos por otro más grande en un lugar alejado. También habla de la estrategia comercial de la cadena Starbucks, que sitúa con astucia muchas de sus cafeterías exactamente al lado de las bocas de metro para aprovecharse de la urgencia de las personas que tienen que desayunar a toda prisa.

Como sucede en tantas ocasiones, aquello que es una desventaja desde el punto de vista del consumidor a menudo es una ventaja para el empresario. Por lo tanto, lo lógico es evitar ser un consumidor atrapado por este tipo de situaciones, pero sí intentar sacarle partido desde el punto de vista empresarial.

No siempre se puede conseguir una nueva patente revolucionaria, pero sí que es posible distinguir el propio producto mediante pequeños detalles que lo hagan único. Hay muchos fabricantes de sandalias de playa, pero si uno de ellos decide incorporar a sus sandalias una suela en forma de huella de dinosaurio, quizá coincidiendo con la aparición de una nueva película sobre ese tema, es posible que consiga un producto que nadie más ofrece.

Otra opción barata para diferenciarse es el envoltorio. El aspecto exterior del producto puede enfocarse a un segmento u otro de la población tomando sencillas decisiones de packaging que lo distingan del resto.

Lo importante es que el servicio o producto que se ofrece *parezca* único, o tenga unas connotaciones que lo conviertan en especial por cualquier motivo. De este modo puede aprovecharse la ley de la escasez en beneficio propio.

Las finanzas como deporte

Por muchas virtudes que tenga el mundo del deporte, no se debe olvidar que en último término se trata de una competición. Existen muy pocos deportes que no se basen en la idea de vencer a un rival. Por supuesto, del mismo modo que sucede en el mundo de las finanzas, al talento, la habilidad y el entrenamiento de cada uno debe sumarse el factor suerte, que en algunos deportes es casi tan importante como todo lo demás.

¿Qué se puede hacer para jugar con el azar a favor y no en contra? Robert G. Hagstrom, en su libro *Warren Buffet*, analiza algunas de las claves del éxito de este multimillonario. Dos de ellas hacen referencia al mundo del juego:

Aprender a pensar en probabilidades

El bridge es un juego de cartas en el que los jugadores de más éxito son capaces de utilizar el cálculo de probabilidades para vencer a sus rivales. Quizá no sea una sorpresa que Buffet sea un experto jugador de bridge. Es capaz de llevar más allá de la mesa de juego las estrategias necesarias para ganar.

Buffet recomienda que los inversores se centren en la economía de las compañías y que intenten calcular el número de probabilidades que existen de que ciertos eventos tengan o no lugar, igual que un jugador de bridge intenta saber qué cartas tiene en la mano su oponente. Añade que centrarse en todo el espectro económico de la empresa y no sólo en sus valores bursátiles ayuda a los inversores a hacer un mejor cálculo de las probabilidades de futuro.

Del mismo modo, Buffet sugiere que los inversores deberían actuar como si poseyeran una tarjeta vitalicia en la que sólo pudieran escoger entre veinte opciones de inversión. La lógica que subyace bajo este razonamiento es que esto debería impedirles tomar malas decisiones de inversión a causa del exceso de posibilidades o de la dispersión mental, lo que, a largo plazo, redundaría en la rentabilidad general de sus carteras.

◇◇◇◇◇◇◇◇◇◇◇◇◇◇◇◇◇◇◇◇◇◇◇◇◇◇◇◇◇◇◇◇◇◇◇◇◇◇

A la hora de tomar decisiones importantes, conviene informarse siempre con un estudio estadístico lo más amplio posible acerca de la situación de todas las empresas implicadas y del sector objetivo del mercado.

Puede que determinados productos recién salidos a bolsa resulten tentadores, pero, lógicamente, se trata de inversiones más arriesgadas que las que puedan realizarse en empresas que llevan décadas cotizando.

◇◇◇

Las reglas de un corredor

Adii Pienaar no es un corredor de bolsa, sino un atleta deportivo. Sin embargo, sus consejos acerca de las lecciones que aprendió compitiendo fueron publicados por *Forbes* por su utilidad en el campo de las finanzas y la economía. Son los siguientes:

1. Trabajar en momentos de concentración y productividad

A veces se sale a correr por cumplir con el entrenamiento o por inercia, pero cuando se tiene la mente dispersa y un mal día, en realidad ese entrenamiento apenas sirve de nada. Sin embargo, otros días se sale a correr con la idea de recorrer cinco kilómetros y se acaban haciendo diez.

Lo mismo sucede cuando uno se sienta delante del ordenador sin avanzar en absoluto; es mejor dejarlo y dedicarse a otra cosa que pasar horas muertas frente a la pantalla.

Ponerse a uno mismo objetivos demasiado agresivos o incluso amenazantes acaba con la motivación y es, en definitiva, una mala idea. Pero aprovechar los momentos en los que uno está en plena forma, tanto física como mentalmente, consigue que se rinda el doble.

2. Evitar las lesiones

A veces creemos que podemos seguir adelante pase lo que pase, que somos indestructibles y que ya nos pondremos mejor por el camino. Pero la mejor manera de cuidarse es estar pendiente de la más mínima señal negativa y no ignorarla. Una lesión que podría solucionarse fácilmente si se detecta pronto podría convertirse en algo más grave si se actúa como si no existiera y se sigue forzando la máquina.

La adrenalina necesaria para llevar a cabo una iniciativa empresarial es un combustible potente, pero peligroso. Es necesario identificar a tiempo los síntomas del estrés. Hay que dormir al menos ocho horas al día y mantener hábitos de vida saludables.

3. Recompensarse a uno mismo

Es importante conocerse, y ser consciente de cuáles son las recompensas que realmente funcionan y las que no. En general, y contrariamente a lo que pueden sugerir películas o anuncios, las recompensas basadas en las compras o el lujo son menos efectivas que aquellas que proporcionan una experiencia. Viajar a un lugar desconocido puede causar un impacto mayor que comprarse un reloj de oro.

Las recompensas más importantes deben alternarse con otras cotidianas, que pueden ser tan sencillas como abrir una buena botella de vino sin que sea una ocasión especial o pasar una tarde sin trabajar, en contacto con la naturaleza.

4. Hay cambios que pueden ser tan buenos como unas vacaciones

«Normalmente siempre uso las mismas zapatillas para correr. Sin embargo, tengo otro par, bastante diferente, que me pongo cuando quiero dejar descansar los músculos que empleo habitualmente y hacer funcionar otros. La rotación en el esfuerzo puede causar tanto desahogo como un descanso completo. Esta costumbre me ha ayudado a prevenir lesiones por desgaste», afirma Pienaar.

En el trabajo, efectuar cambios cada cierto tiempo puede ayudar a mantener la frescura. A veces esto requiere un cambio de lugar, o efectuar una tarea completamente diferente a la establecida. Estos cambios aportan oxígeno y permiten desarrollar las tareas habituales con mayor eficacia.

5. Cultivar la disciplina

No salir a entrenar con regularidad puede tener consecuencias muy negativas en el rendimiento. Lo mismo sucede con el correo electrónico: si no se responde periódicamente, el trabajo de contestar los mensajes acumulados parece mucho mayor y es más agobiante que la revisión rutinaria del día a día.

6. Deshacerse del exceso de peso

En atletismo, el exceso de peso disminuye la velocidad y el rendimiento de una manera evidente y directa. En los negocios y en el trabajo, este exceso de peso puede adquirir varias formas. Una de ellas puede ser cargarse con responsabilidades excesivas o que no deberían pertenecerle a uno. Otra puede ser dedicarle tiempo a cosas que realmente no son tan importantes.

7. Correr para uno mismo

No se trata tanto de competir contra otros, sino de medirse consigo mismo para mejorar día a día. Hay que hacer cosas para uno mismo, ser un poco egoísta e invertir en los propios activos.

La manera en que otros compiten no debería influir en la manera propia de hacer las cosas.

Comprender el dinero

«El dinero es tiempo futuro. Puede ser una tarde en las afueras, puede ser música de Brahms, puede ser mapas, puede ser ajedrez, puede ser café, puede ser las palabras de Epicteto, que enseñan el desprecio del oro; es un Proteo más versátil que el de la isla de Pharos. Es tiempo imprevisible.»

JORGE LUIS BORGES, *El Aleph*

De entre todos los conceptos abstractos, quizá éste sea el más escurridizo y volátil. Usamos el dinero igual que empleamos el lenguaje, todos los días. Y, sin embargo, es necesario ser un profesional para comprender verdaderamente el funcionamiento de alguno de los dos. La mayor parte de la gente es un *amateur* o aficionado en el uso del dinero, algo que, sin embargo, es tan importante y significativo en la vida diaria, a corto y a largo plazo.

Las lecciones sobre economía que se imparten en la escuela son inexistentes. Por eso es una obligación de cada persona que desee mejorar su calidad de vida el enseñarse a sí misma a conocer y comprender las mecánicas que rigen esta materia intangible.

◇◇◇◇◇◇◇◇◇◇◇◇◇◇◇◇◇◇◇

Los estados del dinero

A menudo, para referirnos al dinero hablamos de *líquido*. Otras expresiones que empleamos habitualmente para referirnos a él son del tipo:

- Aquella empresa era un pozo de riquezas.
- Bombearon fondos para aquel rescate financiero.
- Recibió un baño de dinero.
- Su inversión se había quedado estancada.
- Me llovió la riqueza del cielo.
- Se le evapora el sueldo en cuanto empieza el mes.
- Hay que canalizar más fondos hacia el sector de la educación.
- Estaban drenando sus reservas financieras.
- Aquellas acciones se quedaron en dique seco.
- Si sigue así, le acabarán congelando las cuentas.
- Inyectaron cuatro mil euros en la empresa.
- Se fundió un millón de euros en un año.
- Tus ahorros hacen aguas.

Pensamos en el dinero como en algo fluido, con un movimiento a veces incontrolable. Tiene todas las cualidades del agua que corre. Muchas veces da la impresión de que es imposible retenerlo o capturarlo, que igual que llega se va.

Esta cualidad del dinero, su alto grado de movimiento e intercambiabilidad, tiene algo bueno y algo malo: lo bueno es que, de algún modo, muchas veces parece que el dinero fluye naturalmente y que siempre acaba por aparecer cuando alguien lo necesita. Lo malo es que puede escaparse de entre las manos si no se tiene cuidado.

En este sentido, el dinero es como el agua. Necesario para vivir, peligroso si se tiene demasiado poco pero también si se posee en exceso.

◇◇◇◇◇◇◇◇◇◇◇◇◇◇◇◇◇◇◇◇◇◇◇◇◇◇◇◇◇◇◇◇◇◇◇◇
Las cinco personas más cercanas

No siempre es fácil evaluar el impacto que las personas de nuestro círculo más íntimo ejercen sobre cada uno de nosotros. En lo que respecta al dinero, y a las costumbres que se tienen sobre él, puede resultar de gran utilidad examinar las actitudes y comportamientos de estas cinco personas, porque de ese modo podremos comprender mejor las propias rutinas y, por tanto, la manera que tenemos de pensar en el dinero.

Es evidente que alguien que se gasta ochocientos euros en zapatos cuando apenas puede pagar el alquiler está cometiendo un error, pero emplear diez euros a diario para comer de menú en lugar de llevarse un bocadillo o un *tupper* al trabajo puede ser un hábito igualmente destructivo.

Lo primero que hay que hacer es identificar a las cinco personas con las que se pasa más tiempo. Y después hay que distinguir cuál es su personalidad respecto al dinero. Como la fábula de la cigarra y la hormiga se queda un poco corta, la hemos aumentado hasta definir cinco categorías que describen los comportamientos más frecuentes:

Cigarras: Les gusta tener artículos de lujo, todo tipo de accesorios tecnológicos y ropa de marca. Los gastadores no compran en las rebajas y les gusta ir a la última moda. Desean tener el móvil más potente y tecnológico, la televisión más grande y una casa de diseño. Les encanta comprar, no les da miedo endeudarse y a menudo corren grandes riesgos al invertir. Todos sabemos lo que les sucede a las cigarras cuando llega el invierno.

Hormigas: Son todo lo contrario de los gastadores. Sólo compran lo necesario, apagan las luces al salir de la habitación, cierran la nevera rápidamente para que no se escape el frío. No suelen usar la tarjeta de crédito ni comprar lo que no pueden pagar en efectivo. Son muy prudentes, suelen pensar en el futuro y están bien informados en temas bancarios.

Mariposas: Gastar dinero les produce mucha satisfacción. A menudo no pueden resistir la tentación de comprar, aunque se trate de cosas que no necesitan. Con frecuencia, son conscientes de la adicción que tienen a las compras y están preocupados por sus deudas. Compran para entretenerse, aunque no utilicen las cosas que adquieren. Pueden llegar a ser *shopaholics*.

Zánganos: No intentan impresionar a nadie con sus gastos, pero tampoco compran para animarse o pasar el rato. Lo que les pasa es que no dedican tiempo a preocuparse por el dinero, y no llevan ninguna contabilidad de sus gastos, de los que no son conscientes. Suelen gastar más de lo que ganan y endeudarse profundamente, sin pensar nunca en ahorrar o invertir. Estamos ante una carencia de educación financiera.

Abejas: Son conscientes de cada céntimo que ganan. Comprenden perfectamente sus situaciones financieras y hacen que su dinero trabaje por ellos. A pesar de que normalmente no tienen problemas monetarios, estas personas tienden a hacer inversiones de poco riesgo y a llevar un estilo de vida no demasiado ostentoso. Meditan cuidadosamente cada decisión que toman, y a veces hacen inversiones de riesgo cuando tienen motivos para pensar que saldrán bien.

Una vez que se ha identificado a qué tipo pertenecen las cinco personas más cercanas, y que se ha trazado un mapa comportamental de actitudes económicas, viene la parte más difícil: hay que preguntarles a ellos qué tipo de personalidad es la de uno mismo, lo que nos ayudará a ser conscientes de la percepción que generamos en ellos, y a darnos cuenta de hábitos de los que acaso no seamos conscientes.

Por supuesto, a todos esos conocidos que no sean abejas u hormigas es conveniente regalarles este libro.

Riqueza y pobreza: cuestión de materia

La mayor parte del dinero que se emplea en el mundo no existe en forma física. En un estudio del 2009, se calculó que en todo el planeta Tierra sólo existían cuatro mil quinientos billones de dólares en billetes y monedas. Tan sólo los euros, dólares, yenes y yuanes chinos ya suponían el setenta y cinco por ciento de esa cantidad.

Sin embargo, el dinero que está realmente en circulación es mucho mayor. Se estima que el que existe físicamente sólo es un ocho por ciento del dinero total. El resto sólo son informaciones electrónicas que circulan entre los diferentes bancos del mundo.

La cantidad de dinero físico crece a una ratio del nueve por ciento anual, lo que resulta caro y tiene efectos que retrasan la economía. El coste estatal de generar y mantener billetes y monedas oscila entre los cien y los doscientos euros por persona y año. Esto se debe a los elevados costes de fabricación (algunas monedas tienen más valor real que nominal), al deterioro y a la pérdida de billetes, entre otros factores.

A veces se oyen anécdotas como la del hombre que acumuló un millón de monedas de cobre de un céntimo e intentó vender su metal al peso. El valor del cobre es superior al de la moneda en sí, pero como las monedas no son una propiedad privada sino que pertenecen al Estado, siendo los ciudadanos meros usufructuarios, no pudo venderlas y fue multado.

La gran diferencia entre el dinero en uso y el que tiene una existencia física se debe a la capacidad de los bancos de crear dinero. Cada vez que, por ejemplo, uno de ellos concede un préstamo, cuya cantidad no posee necesariamente en efectivo, está haciendo aparecer dinero en circulación. Las tarjetas de crédito también hacen aparecer dinero. Se estima que sólo en Estados Unidos existen doscientos millones de tarjetas de este tipo.

Por lo tanto, el dinero es una cuestión de confianza. Si todo el mundo intentara retirar su dinero de los bancos al mismo tiempo, éstos se encontrarían ante la imposibilidad de satisfacer tal demanda. La Revolución Industrial marcó un antes y un después en la era del consumo, y también en lo que podríamos llamar «la estética de la pobreza». Si antes de ella los ricos eran los únicos que podían acceder a determinados objetos de lujo, a partir de la fabricación en serie de todo tipo de bienes cotidianos, las versiones baratas de éstos empezaron a encontrarse al alcance de cualquiera.

Este fenómeno, unido a la famosa «cultura del recambio» predominante en Estados Unidos, que nos obliga a estar constantemente sustituyendo objetos que funcionan perfectamente (o que no funcionan intencionadamente) por otros más modernos, ha creado una curiosa paradoja. Las viviendas de las personas con menos recursos están, muy a menudo, sobrecargadas de objetos.

Los pobres de otras épocas no tenían nada, pero los de hoy viven en sobreabundancia de objetos, mientras que los ricos, al menos los ricos de alto nivel cultural, viven en casas minimalistas, en las que se privilegian el espacio y la versatilidad.

¿Por qué se ha producido este cambio de tendencia? ¿Qué se puede aprender de él?

◇◇◇◇◇◇◇◇◇◇◇◇◇◇◇◇◇◇◇◇◇◇◇◇◇◇◇◇◇◇◇◇◇◇◇◇◇

1. El verdadero lujo ya no es el exceso de objetos y la falta de tiempo, sino disponer de más tiempo y espacio para desarrollar la vida personal.

2. La apariencia de riqueza no significa auténtica riqueza. Tener libertad en el día a día y no ser el esclavo de una jornada laboral abusiva es más importante que un reloj de oro.

3. La cultura del recambio es una trampa para el consumidor. La gente con recursos prefiere invertir en objetos duraderos que mantengan su valor en el tiempo y no necesiten ser reemplazados.

◇◇◇◇◇◇◇◇◇◇◇◇◇◇◇◇◇◇◇◇◇◇◇◇◇◇◇◇◇◇◇◇◇◇◇◇◇

◇◇◇◇◇◇◇◇◇◇◇◇◇◇◇◇◇◇◇◇◇◇◇◇◇

Datos curiosos acerca del dinero

- Los primeros bienes que adquirieron valor mercantil, 9.000 años a.C., eran las piezas de ganado. Éste es el origen de la leyenda bíblica del becerro de oro. Muchos milenios más tarde, las primeras monedas también tenían forma de animales de granja, o de sus cabezas.
- En la China del siglo v a.C. había monedas en forma de puñal, azada o cuchillo que podían ser utilizadas como tales.
- Objetos que han sido utilizados como monedas a lo largo de la historia: sal (de ahí viene la palabra *salario*), té, tabaco, semillas de cacao, conchas, pieles de animales, fragmentos esculpidos de jade, cuentas de collares, placas de bambú.
- Los primeros billetes fueron inventados en China y usados durante un tiempo cuando en Europa apenas estaba empezando la Edad Media. En el primer billete que se conserva estaba escrita la lista de castigos por falsificación.
- En 1916, en Estados Unidos existía un servicio estatal de limpieza y planchado gratuito de billetes.
- En muchos lugares y periodos de la historia, las monedas eran recortadas en piezas para utilizarlas como cambio.
- Los griegos y romanos colocaban un óbolo en la boca de los difuntos para que éstos pudieran pagar el peaje a Caronte, el barquero del otro mundo. En China se imprimen billetes específicos como ofrenda y se utilizan en ritos funerarios.
- La cantidad de dinero impresa para juegos de Monopo-

ly es mayor que la cantidad total de billetes que ha acuñado el Gobierno de Estados Unidos en toda su historia.

- Los billetes antiguos eran de fibras de seda, los actuales están hechos de papel de lino y algodón. Pueden doblarse y desdoblarse cuatro mil veces antes de romperse. Muy pocos billetes duran más de diez años, pero las monedas suelen seguir en circulación durante más de treinta.
- Los servicios secretos de Estados Unidos fueron creados para detectar dinero falso. Hoy en día fabricarlo es un delito que se castiga con muy graves penas de cárcel. La mayor parte de dólares falsos proceden de Corea del Norte.

Homo economicus

Esta expresión fue creada para designar a la persona racional, centrada en la economía, que aprovecha todas las oportunidades para maximizar su potencial en un mundo caracterizado por la escasez, y que puede estar tan centrada en su crecimiento financiero como en tomar opciones de moral discutible a cambio de más dinero.

De algún modo, podría considerarse que todos somos, o podríamos ser, *Homos economicus* en un momento u otro de nuestra vida. Con esta nomenclatura se hace referencia a aquel que maximiza su talento para obtener los mayores beneficios posibles con el menor esfuerzo.

La psicología económica es aquella que estudia el comportamiento del *Homo economicus* para comprender los factores que determinan su toma de decisiones, tanto de forma individual como colectiva, y cómo cada individuo intenta utilizar a su favor el mundo de la economía.

Dentro de la psicología económica encontramos la economía conductual, en la que se investigan las tendencias emocionales, cognitivas y sociales que llevan a la toma de decisiones económicas, que también afectan a todo el mercado (precios, beneficios, recursos, etcétera).

Según los estudios, para el ser humano, el comportamiento económico está fuertemente vinculado a las emociones, las cuales nos guían durante la toma de decisiones. Como claves determinantes encontramos la motivación, los gustos y la actitud de la persona. Existen procesos de persuasión para que deseemos más una cosa que otra, así como factores grupales (familia, cultura, religión) que también nos llevan a ser un tipo u otro de consumidor.

A pesar de todos estos puntos, los investigadores aseguran que los sentimientos son mucho más poderosos a la hora de decidir qué se consume y qué no, cómo administrar nuestra economía o qué trabajo aceptar, algo que ya decía Adam Smith en su *Teoría de los sentimientos morales* al describir los principios psicológicos de la conducta. Para una persona hay cosas mucho más importantes que cobrar un sueldo. Si la empresa tiene en cuenta sus necesidades psicológicas, la persona se emplea más a fondo que si recibiera un aumento de sueldo.

Hoy en día nos encontramos en época de crisis, y a pesar de ello vemos a personas comprando con normalidad, comportándose económicamente como si no ocurriera nada, y es que estas decisiones, en la mayoría de los casos, poco tienen que ver con lo racional, sino con la ilusión, el deseo, el miedo, etcétera. La necesidad de pertenecer a un determinado grupo social (o a la idea preconcebida que se tiene de éste) es, por ejemplo, uno de los puntos decisivos a la hora de tomar ciertas decisiones.

Las emociones y los sueños se entremezclan en todo, incluso en la empresa, porque aquellos que crean una empresa no lo hacen pensando directamente en minimizar los riesgos, sino en la ilusión y la curiosidad que el nuevo reto les plantea.

Las investigaciones en el área de la economía no sólo se realizan mediante test y encuestas, sino también con resonancias magnéticas que determinan qué áreas del cerebro son las que se activan con la toma de ciertas decisiones, dando la razón a aquellos que aseguran que no es precisamente el cerebro el que tiene más relevancia en la toma de decisiones sobre nuestra economía personal y familiar.

Según estas investigaciones, existen tres puntos a tener muy en cuenta:

- Normalmente, tomamos las decisiones basadas en aproximaciones o ideas preconcebidas, no en datos.
- La forma en que nos presentan un problema o necesidad afecta a nuestras decisiones. El estado de ánimo influye decisivamente en éstas.
- Las tomas de decisiones en el mercado no siguen un patrón racional, de modo que no podemos esperar una teoría del mercado eficiente, sino emocional. Por lo tanto, deberíamos comportarnos en consecuencia.

Aunque pensemos que gestionamos nuestra economía con la cabeza, en realidad lo hacemos con el corazón y el estómago, dejándonos guiar por intuiciones y prejuicios culturales.

Planifica tu futuro: el *financial planning*

El *financial planning* podría definirse como el proceso a seguir, siempre de manera ordenada y planificada, para alcanzar tus objetivos en la vida, a través del manejo adecuado de tus ingresos y gastos, es decir, de tus finanzas. O, dicho de otra manera, es una simulación que contempla todas las variables posibles (por ejemplo la compra de una casa, hipotecas, gastos diarios, ingresos profesionales, inversiones, impuestos, etcétera). Será muy dinámico e irá variando a medida que se vayan cumpliendo o no estos objetivos. El *financial planning* es la estrategia que dará sentido a tus decisiones financieras.

En el mundo del deporte profesional se ven muchos casos de deportistas de élite que no han previsto que sus ganancias caerían en picado cuando acabara su actividad, o incluso estando aún en activo, por culpa de una lesión o por no cumplir las expectativas esperadas.

En mi caso siempre tuve claro que debía tener los pies en el suelo. Por eso, tras firmar cada contrato con los diferentes equipos donde jugué, como el FC Barcelona, el Joventut de Badalona, el Panathinaikos de Atenas, o con mis patrocinadores como Reebok, siempre hacía una simulación a corto, medio y largo plazo, de los gastos cotidianos, del impacto fiscal o sobre qué cantidad necesitaba para vivir, destinando el resto a ahorrar. Para ello seleccionaba en qué debía invertir sabiendo los riesgos que asumía en cada momento. Y, pese a tener el control de la situación, surgieron los lógicos imprevistos en algunas inversiones, pues no funcionaron como esperaba (tanto las financieras como las inmobiliarias). Sin embargo, esto no afectó a mis planteamientos iniciales. Es en ese momento cuando has de ser proactivo y aceptar, igual que cada uno acepta cuando las cosas le van bien, las pérdidas, sin esperar a que todo se recupere inmediatamente.

Cómo se construye el *financial planning*

En primer lugar, es importante aclarar que esto sirve tanto para quienes ganan mucho dinero como para las familias y trabajadores con ingresos mínimos. Para empezar, tienes que definir tu estrategia y elaborar tu plan vital (hacer una simulación en una hoja de cálculo, por ejemplo), teniendo en cuenta el máximo de variables previstas y fijando unos objetivos que sean medibles, revisando continuamente estos objetivos, de manera realista, y contemplando el impacto fiscal (retenciones en las nóminas, pago de los impuestos, etcétera).

En el caso de los deportistas de élite, por ejemplo, estableceremos un *financial planning* lineal que contemple la «jubilación» a los treinta y cinco años, por lo que se deberá tener una mentalidad conservadora, diversificando mucho el riesgo para poder reaccionar ante una eventual mala inversión, por los motivos que sean. Al ser los ingresos muy altos y con una tributación por encima del cincuenta por ciento en España, se deberá tener en cuenta el nivel de vida que se quiere asumir, sin caer en la cultura de «grifos abiertos» (tengo todo lo que deseo), ya que después será muy difícil o casi imposible volver a los orígenes. Lo mismo es aplicable a las personas digamos «normales», con ingresos que en teoría mejorarán conforme avance la edad y la experiencia laboral, pero con una jubilación a los sesenta y cinco o sesenta y siete años. En estos casos habrá que tener claro lo que se gana y lo que se gasta, que es la clave para poder tener una buena planificación de futuro. Sería ideal poder ahorrar un diez por ciento cada año, después de contabilizar la diferencia entre gastos e ingresos, una vez pagados los impuestos. Para conseguir este objetivo es imprescindible hacer un buen plan financiero, que pueda cubrir incluso algún imprevisto, por eso es importante siempre basarse en un escenario a la baja.

Millonarios: del lodo a la cima

Cuando decidimos que queremos ser autónomos y emprender nuestro propio negocio, tener ejemplos en los que poder basarnos, personas que han pasado por lo mismo que nosotros y, a pesar de los tropiezos, han acabado triunfando, representa un regalo impagable. Dos terceras partes de las personas que han conseguido hacer una fortuna millonaria crearon su propio empleo, y el setenta y cinco por ciento son empresarios.

Hoy en día contamos con muchos de esos ejemplos, verdaderos vencedores que han logrado ser millonarios desde la nada, que comenzaron sólo con una idea y muchas ganas de trabajar, y han llegado a lo más alto.

Entre estos personajes encontramos:

- Al hijo de un abogado de Seattle que decidió llevar a la práctica su loca idea informática, creando Windows. Como ya imaginaréis, hablamos de **Bill Gates**. «El éxito es un mal maestro. Hace creer a gente inteligente que no puede equivocarse.»
- Al creador de la industria del automóvil, **Henry Ford**, que nació en una humilde granja de Míchigan: «No encuentres un defecto: encuentra una solución».
- Al presidente de Amazon, **Jeff Bezos**, que dijo: «Uno de los grandes errores que comete la gente es tratar de forzar su interés. Tú no eliges tus pasiones; tus pasiones te eligen a ti».
- A **King C. Gillette**, quien ideó un artilugio con mango y cuchilla desechable para afeitarse y, gracias a la ayuda de un técnico industrial, creo la empresa Gillette. «El mayor potencial de un país es el conocimiento.»

- A un emigrante argentino que llegó sin nada y al morir contaba con todo un imperio. Por supuesto, hablamos de **Aristóteles Onassis**: «Cuantas más cosas posees, más conoces y deseas las que aún no posees».
- Al cofundador de Apple, **Steve Jobs**, quien decía: «Tu tiempo es limitado, así que no lo desperdicies viviendo la vida de otra persona. No te dejes atrapar por el dogma, que es vivir con los resultados de los pensamientos de otras personas. No dejes que el ruido de las opiniones de otros ahogue tu voz interior. Y lo más importante: ten el coraje de seguir a tu corazón e intuición. De algún modo ellos ya saben lo que realmente quieres ser. Todo lo demás es secundario».
- A **Ingvar Kamprad**, creador del imperio Ikea, quien comenzó vendiendo cerillas con su bicicleta y fue ampliando el negocio con aquello que veía que precisaban sus clientes, desde lápices, joyería, productos de alimentación, decoración para los árboles de Navidad y marcos hasta medias de nailon. Y fue con un premio que le dio su padre a los diecisiete años, por aprobar en clase, con lo que puso en marcha su idea de vender muebles desmontados a bajo coste. Una ocurrencia que le ha llevado a abrir tiendas en treinta y seis países entre Europa, América del Norte, Asia y Oceanía.

La lista no hace más que crecer. Existen empresarios jovencísimos que levantaron un negocio en internet y que han conseguido fortunas de millones de dólares.

◇◇◇◇◇◇◇◇◇◇◇◇◇◇◇◇◇◇◇◇◇◇◇◇

Pensar como un millonario

Los estereotipos acerca de las personas con mucho dinero nos llevan a pensar en derrochadores excéntricos.

Sin embargo, la realidad suele ser muy diferente. La mayor parte de los millonarios que se han hecho a sí mismos son personas que se comportan con una gran austeridad. Se dice que en la famosa tienda neoyorquina de joyería Tiffany's es muy raro que expulsen a alguien, por muy zarrapastroso que sea su aspecto. En ese templo del lujo saben bien que nunca se puede identificar a un millonario por su aspecto.

Muchos millonarios han conseguido serlo por ser extraordinariamente conscientes de sus gastos y haber puesto la línea mental de lo que es un gasto superfluo o un derroche mucho más alto de lo que cualquier persona considerará normal. ¿Veinte euros invitando a cañas a los amigos? Innecesario. ¿Sesenta euros en un regalo de cumpleaños? Un disparate.

La cuestión es que cuanto más rico es uno, más sencillo parece seguir enriqueciéndose aún más, igual que la pobreza parece atraerse a sí misma.

> «La riqueza es como el agua salada: cuanto más se bebe, más sed da.»
>
> ARTHUR SCHOPENHAUER

La clave, y el equilibrio, están en comportarse como un millonario en aquellos aspectos en los que es sano y conveniente hacerlo, evitando los extremos y las actitudes patológicas que puede conllevar amasar una gran cantidad de dinero. Warren Buffet vive en la casa que se compró antes de ser millonario y cena hamburguesas en los restaurantes de su barrio. Ingvar Kamprad, el creador de Ikea, también es conocido por llevar una vida frugal y por aconsejar constantemente contra el despilfarro de recursos. «La gente piensa que todo lo que hago es barato: me da igual», declaró en una ocasión este hombre, poseedor de una de las mayores fortunas del planeta.

<><><><><><><><><><><><><><><><><><><><><><><><>

Las tres claves para pensar como un millonario:

1. No tratar de impresionar a nadie con las apariencias
Las apariencias y el qué dirán son para utilizarlos en beneficio propio, no para convertirse en sus esclavos.

2. Si no lo haces tú, lo hará otro
Ser proactivo, entusiasta, apasionado por el proyecto y el negocio. Buscar las oportunidades, reconocerlas y aprovecharlas.

3. El mundo es un mar lleno de peces
Si le das un pez a alguien comerá un día, pero si le enseñas a pescar comerá todos los días. Eso sí: el que inventa un nuevo tipo de red o un barco más eficaz, puede llegar a hacerse rico. No hay que conformarse.

<><><><><><><><><><><><><><><><><><><><><><><><><><><>

Los consejos de los millonarios

«Vive cada día como si fuera el último.»

Steve Jobs

«A los diecisiete años, leí una cita que decía: "Vive cada día como si fuera el último: algún día estarás en lo cierto". Esto tuvo un gran impacto en mí y, desde entonces, en los últimos treinta y tres años, me he mirado al espejo todas las mañanas preguntándome: "Si hoy fuera el último día de mi vida, ¿me gustaría hacer lo que hoy voy a hacer?". Y cada vez que la respuesta es "no" durante varios días seguidos, sé que necesito cambiar algo.»

«Guarda tus problemas para ti mismo y haz creer a los demás que lo estás pasando estupendamente.»

Aristóteles Onassis

Éste es el pilar clave del pensamiento *fake it, then make it*, es decir, compórtate como si algo ya fuera verdad para conseguir que lo acabe siendo. La apariencia de éxito crea confianza en la gente, aunque, por supuesto, si no va acompañada de un plan a largo plazo y de trabajo duro, no sirve de nada.

«Lo que todos queremos es ser comprendidos.»

Oprah Winfrey

«Debo decir que la lección más sencilla e importante que he aprendido en estos veinticinco años es que hay un denominador común en nuestra experiencia: todos queremos sentirnos valiosos y ser comprendidos. En las entrevistas, en cuanto la cámara se apaga, todo el mundo me pregunta: "¿He estado bien?". Lo dijeron el presidente Bush, el presidente Obama e incluso Beyonce.»

«Si no eres capaz de adaptarte a los cambios rápidos, puede que la carrera empresarial no sea la adecuada para ti.»

Maria Maccecchini

El mercado empresarial está sujeto a innumerables reglas, pero además estas reglas pueden cambiar drásticamente de un día para otro. Es fundamental ser consciente de este hecho cuando se emprende el camino del autoempleo o se pretende formar sociedad.

«Nunca trates de ser la persona más inteligente en determinado entorno. Y si lo eres, sugiero que invites a gente más inteligente... o te vayas a otro sitio.»

MICHAEL DELL

«En los círculos profesionales esto se llama "networking". En las organizaciones se llama "construcción de equipo". Y en la vida se llama "familia, amigos y comunidad". Las experiencias más satisfactorias que he tenido vienen de las relaciones personales.»

«El daño emocional no viene de terceros, sino que se fragua y desarrolla dentro de nosotros mismos.»

CARLOS SLIM

Las personas que echan la culpa a otros de sus desgracias, que ven obstáculos donde no los hay, que interpretan negativamente todas las situaciones, viendo siempre el vaso medio lleno, y se quejan constantemente de todo, atraen sobre sí la falta de prosperidad. El optimismo es una actitud que hay que cultivar activamente.

«Las iniciativas tienen una parte de azar, pero una gran parte de control.»

Daniel Goleman

«El gestor con cabeza busca que la mayor parte de los factores que sea posible estén bajo su supervisión y no dependan de nadie más. Del mismo modo, es fundamental tener bajo control las sensaciones y emociones relativas al éxito o al fracaso.»

«La conexión humana lo es todo. La gente que dice que la tecnología les ha desconectado de otros se equivoca.»

Melinda Gates

«También lo hacen quienes dicen que la tecnología es capaz de conectarte automáticamente con otras personas. La tecnología es sólo una herramienta; una herramienta poderosa, pero nada más. La profunda conexión humana es muy diferente. No es una herramienta, no es un medio para conseguir un objetivo. Es el fin, el propósito y el resultado de una vida con significado, y es capaz de inspirar los actos de amor, generosidad y humanidad más sorprendentes.»

«Cuanto más grandes sean tus sueños, menor será la competencia.»

LARRY PAGE

«La gente más preparada y ambiciosa quiere trabajar en los grandes retos. Es lo que pasó con Google.»

La confianza. La moneda de la nueva economía

En la sociedad de la información parece que todos los datos estén al alcance de la mano, pero, paradójicamente, cuanta más información poseemos, más difícil es entresacar de toda esa nube de números y palabras los datos verdaderamente relevantes.

De este tema habla el libro de Gianni Vattimo *La sociedad transparente*. La accesibilidad de los datos en nuestras sociedades no es más que una ilusión de transparencia, puesto que la información verdaderamente relevante es, a menudo, poco accesible o intencionadamente poco fiable. Más que nunca, entra en juego la responsabilidad de aquel que recibe las informaciones para filtrarlas, ser crítico con ellas y leer entre líneas.

Los ciudadanos de la era de la información tienen la responsabilidad personal de distinguir, entre todo lo que se dice y se rumorea, cuáles son las cosas verdaderamente significativas. Y esto es algo que se vuelve mucho más importante al pensar en negocios.

Rachel Botsman es la fundadora de Collaboration Lab, una incubadora de proyectos dedicada a la innovación que trabaja tanto con nuevas empresas como con las de más trayectoria, y se asocia con gobiernos locales para ofrecer soluciones innovadoras basadas en las ideas de consumo colaborativo.

También es la coautora, junto con Roo Rogers, de *What's Mine is Yours*, un libro donde se habla sobre el poder de la colaboración y el intercambio gracias a las plataformas y herramientas disponibles en la red, y cómo el mundo de los negocios, el consumo y la vida están cambiando por completo.

Estamos entrando en un mundo distinto, en el que los *headhunters*, editores y agentes contratan basándose en la experiencia que queda demostrada en los foros en red. A partir de ahora, para conceder un crédito, los bancos tendrán en cuenta tu reputación en línea, donde las tarjetas de presentación y los currículos se han sustituido por tus perfiles digitales, donde tu honradez puede comprobarse en tiempo real.

Nos encontramos ante una economía de la reputación, donde el historial en red es más poderoso que el crédito bancario o el currículo. Donde nuestros perfiles indican cuánto puede confiarse en nosotros, qué nos motiva y cómo nos comportamos.

Actualmente, las investigaciones de Botsman se centran en la confianza y «el capital de reputación», sobre el poder que está adquiriendo hoy en día la colaboración en red y cómo esto puede transformar la manera de ver y hacer las cosas.

El consumo colaborativo está de moda actualmente, compartimos coche, apartamento y habilidades a través de la red. Según Botsman, la nueva moneda que hace funcionar el sistema es: la confianza, la influencia y lo que ella llama «capital de reputación».

El concepto de reputación no es algo nuevo en el mundo de internet. La diferencia radica en que hoy existe la posibilidad de seguir nuestro rastro a través de la red, averiguando quiénes somos y cómo somos a partir de cada comentario, de cada operación, de cada «amigo» y «like», dejando huellas que, en suma, dicen si se puede o no confiar en nosotros.

Hoy en día, esta reputación tiene una gran influencia en el mundo real, así como un enorme potencial en sectores donde es vital confiar en extraños, saber si alguien es quien dice ser, en los que ya no podemos fiarnos de los métodos utilizados hasta ahora.

Podemos ver un ejemplo de ello en los programadores Joel Spolsky y Jeff Atwood, quienes en el 2008 consideraron la posibilidad de utilizar esos datos, esa reputación, para encontrar empleo, y crearon una plataforma para programadores en la que, a través de preguntas técnicas y detalladas, y las puntuaciones dadas por otros programadores, era posible conseguir un grado de reputación u otro. Poco tiempo después, los mismos usuarios empezaron a incluir ese grado en sus currículos, así como en sus respuestas en distintas plataformas y las habilidades desarrolladas en red, puesto que los *headhunters* se fijaban en ello para contratar a unos u otros.

La bolsa

Lo explicaremos de manera muy simple: cuando decidimos invertir en la bolsa (en renta variable) no conocemos a priori cuáles serán los flujos de renta que se generarán, pues éstos dependen de diversos factores, como los resultados económicos de la empresa (acciones), el comportamiento del mercado, la evolución de la economía, etcétera. El inversor deberá ser consciente de que este tipo de inversión implica un cierto riesgo, y que este riesgo es proporcional a la rentabilidad que espera de su inversión.

Existen infinidad de indicadores que nos aportan información sobre la posible evolución futura de los mercados financieros y, por tanto, ayudan a la hora de gestionar de forma activa nuestras posiciones cuando decidimos invertir en bolsa. Es importante resaltar que siempre que compramos acciones de compañías que cotizan en los mercados, estamos asumiendo un riesgo del que tenemos que ser conscientes. Un riesgo que hace referencia principalmente a si necesitaremos en un plazo concreto el dinero invertido y si seremos capaces de medir muy bien la relación entre rentabilidad esperada, horizonte temporal y el riesgo asumido. Dicho de otra manera: invertir en renta variable es una buena manera de diversificar tus ahorros, pero siempre en un porcentaje que no haga tambalear nuestras finanzas.

Un inversor inteligente tendrá en cuenta, como norma general, los datos macroeconómicos, los del mercado laboral, la salud de las empresas, la volatilidad, las exportaciones, la prima de riesgo, etcétera; en definitiva, un número elevado de indicadores que nos ayudarán a determinar la salud y la fuerza del ciclo económico y de la tendencia en los mercados de renta variable. También aplicará siempre el sentido común, y se regirá, a poder ser, por la razón y no por el corazón. Saber ganar no es fácil, pero asumir pérdidas es mucho más complicado y te hace tomar decisiones erróneas. También deberá disponer de la máxima información sobre la acción o el índice que está dispuesto a invertir. El análisis fundamental, dentro del análisis bursátil, pretende conocer el auténtico valor del título o acción, llamado «valor fundamental», y nos basaremos en él para conocer el PER, el EBITDA o si está barata la acción o no. Este análisis intenta determinar el valor real de una compañía, lo cual es muy importante para saber si es o no una buena opción incorporarla a nuestra cartera.

Sin embargo, como es lógico, las personas no tienen el conocimiento suficiente sobre estos temas y muchas veces invierten pensando que a la larga siempre ganarán.

Cuando me retiré como jugador de baloncesto, e inicié mis estudios sobre renta variable en el Centro de Estudios Financieros de Barcelona (CEF), descubrí que los sentimientos influían de manera muy significativa en el inversor. Era el año 2002, y veníamos de un hundimiento mundial de las bolsas, debido al llamado «pinchazo de la burbuja tecnológica». Allí estudié también otras formas de invertir en bolsa, aparte del análisis fundamental: el análisis técnico.

El análisis técnico se basa, entre otras cosas, en el estudio de las figuras que dibuja la curva de cotizaciones en un gráfico bursátil. No tiene en cuenta los resultados de las empresas, las noticias o las ratios fundamentales, sino que se centra en la cotización. El análisis técnico permite identificar la tendencia de la cotización gracias a la representación gráfica y los datos históricos tratando de anticipar los cambios de tendencias. Dado que muchos inversores invierten utilizando este sistema, es lógico pensar en que también es una herramienta a tener presente.

◇◇◇◇◇◇◇◇◇◇◇◇◇◇◇◇

Psicología del dinero

En algunas páginas de este libro, hemos visto algunos de los rasgos propios de la persona de éxito, no sólo económico, sino también vital, aquella persona a quien «el dinero le ha llegado sobre todo porque ha vivido su sueño y no ha soñado su vida». La persona de éxito es aquella que, en lugar de obsesionarse con lo que quería y lo que no tenía, se dedica a actuar para conseguirlo y, sobre todo, vive cada paso, sintiéndose seguro de sí mismo y agradeciendo cada logro que consigue alcanzar.

Tendemos a pensar que queremos más dinero porque éste nos ofrece seguridad, pero la verdad es que una persona con miedo será temerosa siendo rica o pobre, porque cuando consigues ganar algo temes perderlo. «La mayoría de la gente escoge la infelicidad frente a la inseguridad», dice el terapeuta holístico Ruediger Dahlke; y nos anima a lo contrario: «[...] pues la inseguridad ofrece muchas oportunidades».

Dahlke hace la siguiente reflexión: «Buda dijo que toda existencia es sufrimiento y que todo sufrimiento es consecuencia del apego. A nada tiene tanto apego el ser humano como al dinero y las posesiones. A estas dos cosas entregan las personas en la actualidad todo su corazón. [...] A este respecto, y desde el punto de vista de la filosofía budista, la codicia es causa determinante del sufrimiento».

Lo que es realmente fundamental en el camino hacia el éxito en la vida es encontrar aquello que te motiva, porque una persona motivada es una persona activa, con ilusión y energía. La inspiración es aquella llama interior que nos da fuerzas y pone en marcha nuestro cerebro y organismo para ponernos manos a la obra y empezar a crear y a crecer.

Por el contrario, si detectas que algo no aporta un beneficio o sientes que hay un freno en el recorrido vital, hay que apartarlo, dejando el orgullo de lado. Para empezar a cosechar las propias ganancias vitales es necesario sembrarlas primero, porque la riqueza empieza en la mente y después llega al bolsillo.

Pero ¿cómo aprovechar de manera práctica estos factores en nuestro propio beneficio?

A este respecto, el economista Benjamin Graham resume sus enseñanzas financieras en un solo consejo, que resulta de gran utilidad:

«Sé un realista que compra a pesimistas y vende a optimistas.»

Esto significa que es posible aprovecharse de las emociones ajenas en beneficio del negocio. Nuestras propias emociones personales pueden ser un obstáculo o hacernos dudar, pero no hay que olvidar que a todos los seres humanos les sucede lo mismo.

Las consecuencias marginales

Es raro que las decisiones que es necesario tomar en la vida cotidiana nos obliguen a renunciar completamente a la opción contraria, a la no elegida. Con mucha más frecuencia de la que creemos llegamos a acuerdos, a soluciones intermedias, a pactos con nosotros mismos como individuos, o con otras personas.

Esta «marginalidad» de las decisiones o de las acciones es algo que se suele tener muy en cuenta cuando se trata de la vida familiar o sentimental, pero no tanto cuando se trata de elecciones de tipo económico. No pensamos en los negocios de la misma manera en que pensamos en nuestra vida personal.

Sin embargo, ambos presentan muchas similitudes. Al fin y al cabo, la economía es poco más que sentido común aplicado a la gestión del dinero. Podríamos utilizar muchas de sus leyes objetivas en la vida privada, y viceversa.

Suele oírse a menudo la expresión «todas las personas son su propia empresa», en el sentido de que la vida cotidiana nos obliga a administrar nuestros recursos de la mejor manera posible. Tanto si se busca ayuda exterior como si se va aprendiendo a trompicones, mediante el método de la prueba y el error, lo cierto es que de los propios actos de la vida cotidiana pueden extraerse numerosas enseñanzas aplicables en lo financiero.

◇◇◇◇◇◇◇◇◇◇◇◇◇◇◇◇◇◇◇◇◇◇◇◇◇◇◇◇◇◇◇◇◇◇◇◇◇◇

A la hora de tomar una decisión, es conveniente tratar de calcular tanto los beneficios como los costes marginales o derivados. Sólo si los primeros son superiores a los segundos se tratará de una decisión con altas probabilidades de éxito. Cuantas más variables incluya el estudio, mejor.

◇◇

La importancia de la organización

A menudo, tanto en el ámbito empresarial como en el resto de las situaciones de la vida, pueden detectarse casos de personas que cometen el error de centrarse sólo en una faceta o parte de lo que hacen, descuidando otras muchas por considerarlas menos importantes. Hay restaurantes que ofrecen una comida de una calidad excelente, y no atienden a detalles como que la vajilla no esté impecable, algo que puede hacer mucho más daño que utilizar ingredientes de segunda categoría.

Lo ideal sería tenerlo todo, conseguir estar pendientes del conjunto completo de factores sin descuidar ninguno de ellos. Esto puede parecer una meta imposible, ya que tenemos la idea de que «quien mucho abarca poco aprieta», y de que no es posible hacer muchas cosas a la vez y hacerlas bien.

La solución a esta cuestión puede llamarse «planificación», «gestión» o «logística». Ningún minuto del tiempo empleado en diseñar un plan de negocio y en calcular sus diferentes variables es tiempo perdido. El organigrama nos mostrará cómo y en quién delegar, qué servicios pueden ser subcontratados y cuáles no, cómo ahorrar en dinero y en tiempo.

En el libro *La ventaja*, de Patrick M. Lencioni, se analizan numerosos ejemplos que indican que las empresas de más éxito no son las que invierten más en innovación ni las que tienen mejores empleados, sino aquellas que conocen y emplean los mejores sistemas de organización y gestión de los propios recursos.

La salud de una organización depende de la integración y la comunicación que exista entre sus partes, de la optimización de las operaciones, y de la claridad de los procedimientos. Los empleados bien informados acerca de su empresa se sienten parte de un todo y eso mejora e incrementa su competitividad.

Aprender a manejar el tiempo

Uno de nuestros bienes más escasos, y que deberíamos aprender a manejar con mayor responsabilidad, es nuestro tiempo.

Tendemos a creer que siempre tendremos tiempo más adelante para hacer aquello que realmente deseamos hacer y, cuanta más riqueza y más poder tenemos, más nos imbuimos de la falsa sensación de inmortalidad, de que nuestro tiempo es ilimitado.

Esta falsa concepción de nuestras vidas ha llevado a muchos de los pacientes de Dahlke a tener que enfrentarse al peso de la muerte cuando no habían empezado aún a vivir.

Consideramos que «si el tiempo es dinero, el dinero también tiene que ser tiempo», dando por hecho que al final de nuestra vida, cuando las arcas estén llenas, podremos canjear ese dinero por más años para, al fin, vivir. Pero «la ecuación Tiempo = Dinero sobre la que han edificado su existencia es y siempre ha sido y seguirá siendo falsa».

Por ese motivo, Dahlke dedica parte de su libro *La psicología del dinero* a que nos preguntemos cómo gastamos nuestro tiempo y en qué, así como a mostrarnos cómo podríamos gestionarlo mejor. Porque «la persona que ha puesto en orden su jornada cotidiana encontrará más fácil acomodarse a su vida y disfrutar de ella».

◇◇

Cómo organizarse

Semana: Resérvate un día entero para hacer aquello que te haga disfrutar y te apetezca a ti.

Mes: Dedícate un fin de semana al mes, sin obligaciones ni deberes, sólo lo que realmente desees hacer.

Trimestre o estación: Una vez por estación plantéate concederte una semana de descanso y salud, «aunque nos cueste dinero en lugar de ganarlo».

Vida: Por cada mitad de tu vida regálate un año sabático para poner tus ideas y metas en orden.

Aprende a hacer de tus momentos de descanso paréntesis en los que aprender sobre ti mismo.

◇◇◇◇◇◇◇◇◇◇◇◇◇◇◇◇◇◇◇◇◇◇◇◇◇◇◇◇◇◇◇◇◇◇◇◇

Éstos son sus diez consejos para sacar partido de la vida:

1. Aprende y aplica la ley de la resonancia: «¡Ve a encontrar setas en lugar de ir a buscarlas!».
2. ¡No dejes para mañana lo que puedas hacer hoy!
3. Cada uno tiene sus propios sueños y su propia forma de pensar, y ninguno es mejor que otro. «¡Intenta encontrar tu propio camino!»
4. Enfréntate a tus miedos y atrévete a evolucionar y tener éxito. «La actividad es un método habitual para ahuyentar todo aquello que más nos atemoriza.»
5. Apuesta por ti y lánzate a por grandes metas, porque éstas pondrán en movimiento tu energía interior.
6. Busca tu motivación, aquello que te inspira, y ponte en marcha.

7. Aprende a poner lo primero para ti en el encabezamiento de tu lista diaria. «A menudo la falta de tiempo y el escaso éxito se deben sencillamente a una falta de adecuación en las prioridades.»

8. No te excedas en la comida ni en la información. «Se ha comprobado científicamente que uno se maneja mejor si se encarga de las cosas de manera concentrada, una después de otra.»

9. Equivócate, arriésgate y vive. «Sé valiente y olvídate de lo que piensen los demás.»

10. Borra de tu vida aquello que no te aporte valor o sentido, y delega las tareas que otros puedan realizar por ti. «Uno puede dejar tranquilas muchas cosas y demostrar de esta forma lo rico que es. Así, además, aún se enriquecerá más.»

⬦⬦⬦⬦⬦⬦⬦⬦⬦⬦⬦⬦⬦⬦⬦⬦⬦⬦⬦⬦⬦⬦⬦⬦⬦⬦⬦⬦

El secreto de una vida plena

En una ocasión, un profesor colocó un enorme jarrón encima de una mesa delante de sus alumnos y lo llenó hasta el borde con pelotas de tenis. A continuación preguntó: «¿Está lleno este florero?»

Al confirmarlo los alumnos, el profesor desparramó un montón de canicas entre las pelotas, y cuando todos los espacios entre las pelotas y el florero estuvieron llenos hasta el borde, el profesor preguntó nuevamente: «Y ahora, ¿está lleno el florero?» Los alumnos, ahora más prudentes, lo confirmaron vacilando.

El profesor trajo a continuación un cubo lleno de arena y, con cuidado, la fue vertiendo en el interior del florero hasta que el cubo estuvo vacío y el florero lleno de arena hasta el borde. «¿Está ahora el florero lleno?», preguntó el profesor. Y los alumnos, que se sentían atrapados en su pereza mental, reflexionaron y una vez más tuvieron que confirmar que estaba lleno.

Entonces, el profesor sacó una botella de vino y un vaso de su cartera y vertió un cuarto de botella de vino en el florero. A continuación se dirigió a sus alumnos, conmocionados todavía por su apatía intelectual, y les dijo: «Las pelotas de tenis son los grandes temas de la vida, tales como la pareja y los hijos, la familia, la vida profesional y la felicidad. Las canicas representan las pequeñas alegrías de la vida y las aficiones. Sin embargo, la arena son las obligaciones diarias, las cosillas de cada día: la arena es el engranaje de la vida. Aseguraos de que el recipiente de vuestras vidas no esté lleno de arena antes de que hayáis podido echar en él las canicas y que ya no os quede sitio para las pelotas. Prestad también atención a que no hayan entrado muchas canicas demasiado pronto, ya que de este modo le quitarán espacio a las pelotas de tenis, y por tanto, a las grandes cosas de la vida».

«¿Y qué pasa con el vino?», quiso saber un estudiante.

«¡En la vida siempre hay sitio para un buen vaso de vino!»

◇◇

El dinero y la felicidad

Todos hemos escuchado alguna vez aquello de que «el dinero da la felicidad» en un contexto u otro, pero ¿de qué cantidad estaríamos hablando?

La mayoría de nosotros pensamos que con un poco más seríamos mucho más felices, pero ¿dónde está el límite? ¿En qué punto se llega al nivel óptimo de ingresos en el cual cualquier otro beneficio económico no genera más felicidad?

Daniel Kahneman, el reconocido psicólogo ganador del Premio Nobel de Economía por su trabajo sobre la economía del comportamiento, en el que estudiaba la irracionalidad de nuestras decisiones sin tener en cuenta el riesgo, nos hablaba en varias conferencias TED sobre la economía de la felicidad.

Junto con su colaborador y amigo Amos Tversky, fueron los primeros en estudiar las llamadas «decisiones equivocadas» y en examinar el problema del riesgo económico, y descubrieron que la economía no es una máquina perfecta, sino un sistema de toma de decisiones que tienen más que ver con la percepción y la emoción humana. Es decir, la respuesta óptima para los individuos tiende a ser la elección menos racional entre las posibles.

La felicidad se encuentra en el momento, es decir, para poder ser felices necesitamos vivir el instante presente, puesto que en general nunca nos basta y siempre queremos más y más, de manera que esa misma insatisfacción nos causa la infelicidad.

«No elegimos entre las experiencias, elegimos entre los recuerdos de experiencias. Incluso cuando pensamos en el futuro, nosotros no pensamos en nuestro futuro normalmente como experiencias. Nosotros pensamos en nuestro futuro como memorias anticipadas», afirma Daniel Kahneman.

La importancia de vivir el momento radica en que nuestra capacidad de experimentar y la de recordar funcionan de forma diferente y perciben la felicidad de forma distinta. De manera que vivir el hoy, el ahora, nos permite disfrutar de las experiencias. Pero ahí es donde entra la importancia de un capital mínimo, pues éste es el que nos permite experimentar en lugar de preocuparnos por el futuro.

◇◇◇◇◇◇◇◇◇◇◇◇◇◇◇◇

Feng shui del dinero

El *feng shui* es un arte milenario chino, con más de cuatro mil años de antigüedad, que utiliza los elementos a nuestro alcance, así como la posición y orientación del espacio, para construir un ambiente que haga favorables las energías que nos rodean para nuestra vida diaria. Esta enseñanza ancestral nos habla de la importancia que tiene el lugar que ocupa nuestro hogar, oficina, habitaciones, así como objetos, en nuestro día y futuro. La palabra *feng shui* proviene de las palabras chinas *viento* y *agua*, y simboliza «el viento ascendiendo a la cima de una montaña, y el agua subiendo hacia su cumbre».

El *cai wei* es el sector del *feng shui* que se ocupa del dinero y la economía. A través de él se estudia el lugar de la oficina o el hogar donde el *chi* o energía es más fuerte para aprovecharlo en nuestro favor y asegurarnos la prosperidad.

Lógicamente, el *feng shui* no hace magia, es una técnica que aprovecha la energía que nos rodea. Es decir, poniendo en marcha el *cai wei* no estaremos provocando que llueva dinero, sino provocando que estas energías operen en nuestra mente de tal manera que nos resulte más fácil reconocer las oportunidades para promover nuestra carrera y mejorar nuestra economía, así como tomar decisiones acertadas.

El primer paso para salir de la crisis sería pues hacer limpieza para dar espacio a nuestra nueva vida y encontrar ese punto de energía fuerte para ponernos manos a la obra. Y sobre todo debemos evitar el desorden, la suciedad y la acumulación de objetos inútiles, pues esta falta de espacio en nuestra vida evita que entren cosas nuevas y que no llegue la prosperidad.

Uno de los puntos que deberíamos tener siempre en cuenta es el potencial de atracción que tienen nuestras palabras y nuestro pensamiento. Es decir, si uno quiere mejorar su economía, debe evitar hablar de la crisis, leer sobre ella o ver noticiarios donde todo sea tristeza. Es conveniente cambiarlos por libros y artículos que hablen de prosperidad, y rodearse de colores y objetos que coincidan con el gusto personal, porque la limpieza no sólo ha de hacerse en casa, sino también en nuestra propia mente.

Éstos son algunos consejos para que el *chi* fluya en el hogar y la oficina, y se incremente la energía beneficiosa:

1. Intentar que la casa u oficina sean cuadradas y no tengan recovecos, con una entrada libre. Si hay rincones, colocar en ellos plantas que aporten energía.
2. Colocar una fuente de agua en el recibidor, pues reforzará el *chi* y tu prosperidad en el campo profesional. Si además se añade alguna planta o un dragón dorado bañado por el agua, aún se potenciará más.
3. Evitar los objetos afilados y aprovechar la fluidez que crean las espirales y redondeces.
4. Evitar poner espejos alineados con puertas o ventanas, así como en el dormitorio o el lugar de trabajo.
5. Aprovechar el poder de los colores para potenciar o relajar la energía en cada habitación y sala.
6. Nunca hay que situar un escritorio, o un asiento en el que se pase mucho tiempo, bajo una escalera.
7. El lugar donde cocinamos representa la prosperidad, así que ha de estar siempre limpio; además, evitaremos que los elementos fuego y agua estén uno junto al otro, colocando, por ejemplo, un objeto de madera entre ambos.

8. Evitar la alineación entre puertas y ventanas, y si esto ocurre, utilizar una cortina o un biombo.

9. En el baño, asegurarse de que no haya pérdidas de agua, pues significará también una pérdida de energía y de dinero. Mantener la tapa del inodoro y la puerta del baño cerradas para que no se escape la energía.

Lecciones zen para la economía

En mi anterior libro, *Zen 305*, hablo precisamente de las similitudes entre el zen y el deporte, ambas artes basadas en la práctica y la intuición. Y es que la sabiduría oriental es una fuente inagotable de consejos sobre todos los ámbitos de la vida. De sus pequeñas fábulas, o *koan*, pueden extraerse valiosas perlas que nos enseñan paciencia, escucha, prudencia, precaución, y otras herramientas muy útiles en las negociaciones.

El cuento del padre, el hijo y el nieto

Un hombre próspero, con muchas riquezas, le pidió a un famoso maestro que escribiera una frase para alentar la prosperidad de su familia durante los años venideros. Quería obtener un lema con el que la familia pudiera inspirarse durante generaciones y generaciones.

En un gran pedazo de papel de arroz, el maestro escribió: «El padre muere, el hijo muere, el nieto muere».

El hombre se enfadó al ver la obra del maestro. «Le había pedido que pensara una frase que pudiera traer felicidad y prosperidad a mi familia. ¿Por qué ha escrito algo tan deprimente?»

«Si la mala suerte quisiera que la muerte de su hijo fuera anterior a la de usted mismo —respondió el maestro—, ese hecho traería una pena insoportable a su familia. Si su nieto muriera antes que su hijo, también acarrearía un gran dolor. Si su familia, generación tras generación, desaparece en el orden que he descrito, seguirá el curso natural de la vida. En eso consisten la verdadera felicidad y prosperidad.»

A veces, sobre todo cuando tenemos deseos muy intensos o proyectos muy concretos, queremos modelar las circunstancias a nuestro antojo, y hacer que incluso el tiempo se amolde a nuestra manera de ver las cosas. Esta historia nos enseña que todas las cosas tienen un tiempo y un ritmo natural y que hay que aprender a contar con él, a plegarse a él, aceptarlo y utilizarlo a nuestro favor.

La taza de té

Ésta es la historia de Nan-in, un Maestro japonés, y su encuentro con un profesor universitario, que fue a visitarlo lleno de curiosidad al observar la afluencia de jóvenes que acudían al jardín del Maestro.

Nan-in era admirado por su sabiduría, por su prudencia y por la simplicidad con la que vivía, a pesar de que en su juventud había sido un personaje que había brillado en la corte del emperador. Al caer la tarde, aceptaba silenciosamente que algunas personas se sentaran con él, pero nadie podía importunarlo después de la meditación. Entonces, se ponía serio y hasta parecía antipático, pero en realidad aquello no era más que la necesaria adaptación al mundo real desde el espiritual. El resto del tiempo trabajaba en su jardín, pelaba patatas o remendaba sus vestimentas.

El prestigioso profesor hizo anunciar su llegada con antelación, comunicando que no disponía de mucho tiempo, ya que tenía que regresar a sus tareas en la universidad.

Cuando llegó, tras saludar al Maestro, le preguntó por la esencia del zen. Éste le ofreció té y se lo sirvió con toda la calma del mundo. Y aunque la taza del visitante ya estaba llena, el Maestro siguió vertiendo más. El profesor, al ver cómo el té se derramaba, no pudo contenerse.

—*Pero ¿es que no ve que la taza ya está completamente llena? ¡Ya no cabe ni una gota más!*

—*Al igual que esta taza* —*respondió Nan-in con una amable sonrisa*—, *usted está lleno de sus opiniones. ¿Cómo podría nadie mostrarle lo que es el camino del zen si primero no vacía su taza?*

Airado, el profesor se levantó y se despidió sin decir palabra. Mientras el Maestro recogía y limpiaba el suelo, uno de sus jóvenes discípulos se acercó para ayudarle.

—*Maestro, ¡cuánto orgullo! Qué difícil debe de resultarles a los letrados comprender la sencillez del zen.*

—*No menos que a los jóvenes cargados de ambición que no se han esforzado en cultivar la disciplina del estudio. Al menos, los profesores ya han hecho una parte del camino. Tienen cosas de las que poder desprenderse.*

—*Entonces, Maestro, ¿cuál es la actitud adecuada?*

—*No juzgar. Mantener abiertos los sentidos.*

Existen muchos senderos para llegar a la iluminación. Uno puede ser el camino intelectual, otro el intuitivo, otro la emoción, el deseo de mejorar, la voluntad de proporcionar seguridad a los seres queridos, etcétera. Ninguno es mejor que otro. Todas las personas son únicas en su camino. No existen reglas universales que puedan aplicarse a cualquiera. Lo único importante es vivir el presente, escuchar a los demás, permanecer alerta.

El valor de las cosas

Un muchacho de aspecto confundido llegó hasta la casa de un famoso Maestro. Tuvo que esperar mucho hasta que el Maestro se decidiera a recibirlo. Cuando por fin lo hizo, el joven, tartamudeando, le contó:

—*Maestro, he venido hasta usted porque me siento tan insignificante que no tengo fuerzas para hacer nada. Me dicen que no sirvo para trabajar, que no hago bien ninguna cosa, que soy torpe manejando herramientas y que mi pensamiento es lento. ¿Cómo podría mejorar? ¿Qué puedo hacer para que la gente me valore más?*

El Maestro, sin mirarlo siquiera, le dijo:

—*Cuánto lo siento, muchacho... pero yo no puedo ayudarte. Debo resolver primero mi propio problema. Quizá más adelante* —*y haciendo una pausa agregó*—: *Pero si quisieras ayudarme tú a mí, yo podría resolver este asunto con mayor rapidez. Después, tal vez, tendría tiempo para ayudarte a ti.*

—*E... encantado, Maestro* —*titubeó el joven, sintiendo, una vez más, que nadie le daba importancia.*

El Maestro se quitó un anillo que llevaba en el dedo meñique de la mano izquierda y se lo entregó al muchacho.

—*Monta el caballo que está afuera y ve al mercado. Tengo que vender este anillo para pagar una deuda. Es necesario que obtengas por él la mayor suma posible, pero en ningún caso aceptes menos de una moneda de oro.*

El joven tomó el anillo y se puso en marcha. En cuanto llegó, empezó a ofrecer el anillo a los mercaderes. Éstos lo miraban con cierto interés, hasta que el joven decía lo que pedía por el anillo. Cuando el joven mencionaba la moneda de oro, algunos reían, otros se iban sin más, y sólo un anciano se tomó la molestia de explicarle que una moneda de oro era demasiado valiosa para entregarla a cambio de un anillo. Alguien le ofreció una moneda de plata y un cacharro de cobre, pero el joven tenía instrucciones de no aceptar menos de una moneda de oro, y se negó. Después de mostrar su joya a todo aquel con el que se cruzaba en el mercado, entristecido por su fracaso, montó en su caballo y regresó a la casa del Maestro. Con cuánta fuerza deseó el joven tener él mismo esa moneda de oro. Podría entregársela al Maestro para liberarlo de su preocupación y recibir su consejo y ayuda.

—Maestro —le dijo—, lo siento, pero no es posible conseguir lo que me pidió. Quizá pudiera conseguir dos o tres monedas de plata, pero no creo que yo sea capaz de engañar a nadie respecto del verdadero valor del anillo.

—Qué importantes son las palabras que acabas de pronunciar, joven amigo —contestó, sonriente, el Maestro—. Debemos conocer primero el verdadero valor del anillo. Vuelve a montar el caballo y ve al joyero. ¿Quién mejor que él? Dile que quisieras vender el anillo y pregúntale cuánto te da por él. Pero no importa la cantidad que te ofrezca: no se lo vendas. Vuelve aquí con mi anillo.

El joven volvió a cabalgar.

El joyero examinó el anillo a la luz del candil, lo miró con su lupa, lo pesó y luego dijo:

—Comunícale al Maestro, muchacho, que si lo quiere vender ya, no puedo darle más que cincuenta y ocho monedas de oro por su anillo.

—¿Cincuenta y ocho monedas? —exclamó el joven, muy sorprendido.

—Sí —respondió el joyero—, disponiendo de más tiempo, podríamos obtener por él cerca de setenta monedas, pero si la venta es urgente...

El joven corrió emocionado a casa del Maestro a contarle lo sucedido.

—Siéntate —le dijo el Maestro, después de escucharlo—. Tú eres exactamente igual que este anillo: una joya

valiosa y única. Y como tal, sólo puede evaluarte verdaderamente quien sea un experto. ¿Por qué pierdes el tiempo intentando que cualquiera descubra tu verdadero valor?

Y diciendo esto, volvió a ponerse el anillo en el dedo meñique de su mano izquierda.

Esta última historia no necesita explicación. Muy a menudo no somos conscientes del verdadero valor de los recursos que tenemos al alcance, de las cualidades de los socios que nos rodean o de nuestras propias virtudes. El verdadero capital de una persona o de una empresa está compuesto por numerosos factores, algunos tan tangibles como las monedas de oro, y otros tan invisibles como el talento, las habilidades sociales o el buen humor.

La táctica del ahorro

Todo mi aprendizaje como empresario arrancó cuando comencé a practicar el baloncesto, ese «juego individual que se juega en equipo». Igual que en el baloncesto, en la economía doméstica debemos ser ordenados, disciplinados y creativos, sabiendo «leer» en cada momento qué ritmo de partido nos interesa a medio y largo plazo, acertando en las decisiones que tomaremos, como saber cuándo arriesgar o cuándo «alargar la posesión de balón», estando coordinados con el resto del equipo. Todo esto teniendo en cuenta las circunstancias externas que no podemos controlar, como la presión exterior de una cancha de baloncesto abarrotada de seguidores rivales o la situación de los mercados financieros, que seguramente nos influyen de un modo u otro en nuestro estado anímico, condicionándonos a la hora de tomar decisiones racionales.

Comencemos con la definición de la palabra *táctica*. Ésta podría definirse como el «sistema o método que desarrollamos para ejecutar u obtener algo». El término también se usa para designar la habilidad necesaria para aplicar dicho sistema. Es una forma de ordenar los recursos disponibles orientados a un objetivo concreto. Por ejemplo, el objetivo de una guerra es conquistar el territorio enemigo. La estrategia en baloncesto consiste en anotar más puntos que el rival (aunque seguramente esto sea una simplificación excesiva), o en las inversiones, el análisis de la situación y la ejecución del plan para optimizar al máximo nuestros recursos económicos en función del riesgo que queramos asumir (a mayor búsqueda de rentabilidad, más riesgo asumimos y viceversa).

Sin embargo, la palabra *estrategia* deriva del latín *strategĭa*, que a su vez procede de dos términos griegos: *stratos* («ejército») y *agein* («conductor», «guía»). Por lo tanto, el significado primario de estrategia era el de «arte de dirigir las operaciones militares».

Siguiendo con las definiciones, el baloncesto es un deporte de equipo en el que dos conjuntos de cinco jugadores cada uno intentan anotar puntos, introduciendo un balón en un aro situado a 3,05 metros del suelo, que está soportado por un tablero y del que cuelga una red, lo que le da un aspecto de cesta o canasta. El equipo que consiga más puntos será el vencedor.

Los jugadores ocupan diferentes posiciones o roles en la pista.

◇◇

El **base** o *playmaker* (literalmente, «creador de juego»), llamado 1 por los entrenadores, suele ser el jugador más bajo del equipo. En ataque sube la pelota hasta el campo contrario y dirige el juego de ataque, liderando el equipo. Sus características recomendables son un buen manejo del balón, visión de juego, capacidad de dar buenos pases, buena velocidad y un acertado tiro exterior. En los bases son tan apreciadas las asistencias como los puntos conseguidos, aunque un buen jugador debe conseguir ambas cosas. En defensa, han de dificultar la subida del balón que lleva el base contrario, bloquear las líneas de pase y estar atentos a recoger los rebotes largos. Normalmente, en estos jugadores lo importante es su capacidad organizativa y de dirección de juego.

El **escolta**, también llamado 2, suele aportar puntos al equipo. Buen tirador de dos y tres puntos, ha de ser un buen dominador del balón y con capacidad de entrar a canasta. Ayuda al base a organizar y subir el balón.

El **alero**, o 3, debe combinar altura con velocidad. En ataque debe ser buen tirador de tres puntos y, en el baloncesto moderno, debe ser capaz de «postear» (jugar de espaldas a la canasta ocupando posiciones interiores) y culminar con rapidez los contraataques.

El **ala-pívot**, 4 para los entrenadores, en principio, ocupa un rol más físico que el del alero, en muchos casos con un juego muy similar al del pívot. Tiende a ser un tipo de jugador polivalente, capaz de ocupar varias posiciones en función de las necesidades del equipo, pudiendo tirar bien desde una larga distancia para abrir espacios al resto de sus compañeros, especialmente al pívot.

El **pívot**, 5, suele ser el jugador de mayor altura del equipo, y el más fuerte físicamente. Debe usar su corpulencia y potencia para jugar cerca del aro, aunque en la actualidad ha evolucionado hasta manejarse de cara al aro, con una gran visión de juego y mayor agilidad y velocidad que en los *centers* de las décadas anteriores. Gran reboteador, se aprecia mucho su visión de juego, tiro y movimientos de espaldas a canasta.

◇◇◇◇◇◇◇◇◇◇◇◇◇◇◇◇◇◇◇◇◇◇◇◇◇◇◇◇◇◇◇◇◇◇

Ya hemos visto los roles que ocupa cada jugador en una pista de baloncesto. Ahora veremos cómo establecer una comparación con el perfil de los inversores y las estrategias que se usan para planificar una buena cartera de inversión.

En baloncesto, la estrategia va encaminada a hacer una buena lectura del partido (inversión a corto plazo), de la temporada (medio plazo) o de las próximas tres temporadas (largo plazo). El objetivo es minimizar los errores (en los lanzamientos, en las pérdidas de balón, etcétera) y maximizar tus fortalezas (velocidad, fuerza reboteadora o capacidad defensiva) en el corto plazo o partido a partido. A medio plazo, la planificación se encamina a llegar a los momentos decisivos de la temporada (cuando se deciden los títulos) al cien por cien, mientras que, a largo plazo, la confección de un proyecto ganador, apoyado en unos buenos fichajes, y una apuesta por la cantera son imprescindibles para que el ganar o perder no sea flor de un día, sino la consolidación de un proyecto pensado para ganar títulos y crear un estilo de juego que demuestre ser competitivo en el tiempo.

◇◇

En las inversiones ocurre algo parecido: acertar en la lectura del escenario y los objetivos a corto, medio y largo plazo y hacer una buena planificación (*financial planning*) serán factores determinantes a la hora de acertar. Para ello tenemos que ser conscientes de nuestro perfil o rol, que dependerá de nuestro carácter (arriesgado, conservador, prudente, aventurero, etcétera) y las expectativas que tengamos (preservar el capital renunciando a grandes plusvalías a cambio de vivir sin sobresaltos o buscar la acción), arriesgando para obtener mayores ganancias aun a riesgo de perder cantidades considerables de nuestro patrimonio a corto y medio plazo. Lo importante, igual que en el baloncesto, es confiar en nuestra táctica y ser lo suficientemente disciplinados como para llevarla a cabo, sin dejarnos influir negativamente por las circunstancias externas que no podemos controlar.

◇◇

◇◇◇◇◇◇◇◇◇◇◇◇◇◇◇◇◇◇◇◇◇◇◇◇◇◇◇◇

Primera parte: táctica defensiva

Cómo preservar el capital o evitar que el rival nos «haga puntos» con facilidad.

Sugerencia 1: defensa en zona 2-3

Defensa en zona: alude a la situación en la que los jugadores que defienden no marcan uno a uno a sus oponentes de manera individual, sino que lo hacen de forma posicional. Las zonas posibles se nombran así: 2-3, 3-2, 1-3-1, 2-1-2, 1-2-2, indicando la posición de los mismos en la pintura o área en el campo defensivo del equipo (ver Fig. 1). Existen muchas otras, como las defensas mixtas (una combinación de los dos tipos de defensa individual y en zona), pero he preferido, como ejemplo, mostrar la más habitual (2-3). Su objetivo es cortar el ritmo adversario o proteger a los jugadores de las faltas personales. Es mucho menos común utilizar la defensa zonal como nuestra defensa base, ya que normalmente **se usa como un recurso táctico**, siendo la defensa individual lo más frecuente. Pero hay excepciones: el mítico entrenador de la Universidad de Siracusa, Jim Boeheim, la ha hecho durante treinta y cuatro años a lo largo de sus ochocientos veinte partidos ganados, y un título en la NCAA, como su estrategia defensiva habitual.

Boeheim, leyenda viva del baloncesto americano y gran formador de jugadores, es sinónimo de la defensa zonal 2-3. Al preguntarle por su preferencia en este tipo de defensa, su respuesta no deja de ser lógica y racional: «Para ganar». Su universidad lleva su sello, y con esta defensa persigue que el rival se sienta incómodo al estar durante cuarenta minutos atacando, algo a lo que no está habituado. El rival efectúa los tiros que Siracusa quiere que haga, no los que quiere hacer.

Además, uno de los aspectos que sorprenden por su elaboración y preparación es que los jugadores están mejor situados en el campo para recibir el primer pase de contraataque y ocupar las calles del mismo que en una defensa contraindividual, ya que en la individual pueden estar situados en cualquier lugar de la pista, al depender de dónde estén los atacantes. «En una defensa zonal puedes controlar mucho mejor la situación en el campo de tus jugadores», asegura el entrenador del Siracusa.

Una de las claves para que esta defensa sea efectiva es la actividad de los defensores, que están constantemente buscando fintas defensivas y desplazamientos rápidos, y se mantienen con los brazos levantados ocupando mucho espacio en la pintura.

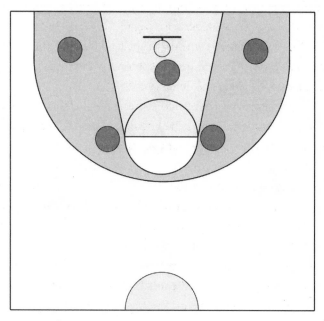

Fig. 1a. Defensa en zona.

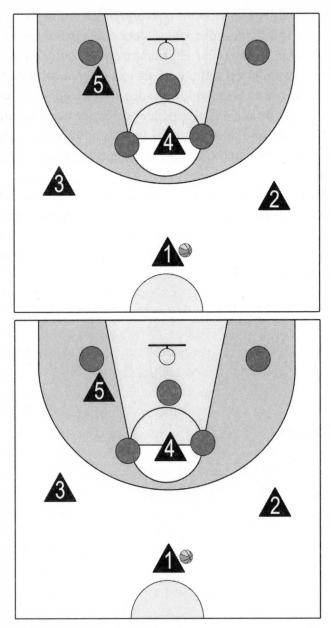

Figs. 1b y c. Defensa en zona.

◇◇◇

Perfil muy conservador

Una cartera de inversión con perfil muy conservador tiene como principal objetivo la protección y la estabilidad patrimonial, por lo que admite una exposición mínima al riesgo. El capital lo invierte principalmente en el mercado monetario, bonos a corto plazo y otros activos sin exposición a bolsa. En general busca inversiones con probabilidad muy baja de obtener rentabilidad negativa. He querido escenificar este perfil del inversor comparándolo con una táctica defensiva muy conservadora, como es la zona 2-3.

◇◇◇

Sugerencia 2: Defensa individual

Preservar el capital asumiendo un riesgo pequeño y muy controlado.

Lo importante en esta defensa es la responsabilidad individual del hombre al que defiendes. Lo principal es que no suponga una amenaza, aunque debes estar muy atento a las ayudas y estar siempre pendiente del jugador en cuestión, de dónde está el balón y de la situación del aro. Hay tres principios que definen esta defensa, y si los cumples serás un buen defensor, aparte lógicamente de tus cualidades físicas (rapidez, capacidad de estar flexionado, etcétera). La primera y más clara es el deseo y la ambición para evitar que el rival sea superior en el uno contra uno cuando tiene el balón, o evitar que reciba cuando no lo tiene. El segundo es mantener una buena posición defensiva, estando lo más flexionado posible para actuar y reaccionar con rapidez a los movimientos de tu atacante, y la tercera tu posición en la zona defensiva, siempre entre tu hombre y la canasta si tiene el balón, o en posición de ayuda si está en el lado contrario al balón. Uno de los mejores entrenadores que he tenido, Bosa Maljkovic, cuando jugué en el Panathinaikos de Atenas, siempre decía que con estos cuatro factores se podía ser competitivo en la élite del baloncesto: «*Talent, fight, run and think*», es decir, tener talento, luchar, correr y pensar.

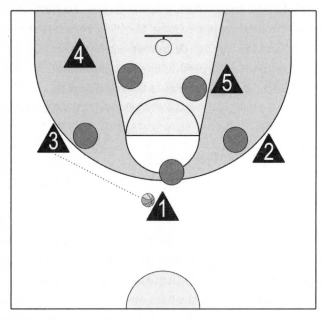

Fig. 2. Defensa individual.

◇◇

Perfil conservador

Una cartera con perfil conservador tiene como principal objetivo la estabilidad patrimonial, pero también busca protección frente a la inflación, por lo que admite una exposición baja al riesgo. El capital está invertido principalmente en activos de renta fija y suele destinar en torno a un quince por ciento del dinero a bolsa, aunque si es una gestión activa este porcentaje puede oscilar entre el cinco por ciento y el veinte por ciento en función de los mercados. Para intentar superar la inflación, admite la posibilidad de que la rentabilidad de la cartera pueda ser negativa temporalmente, aunque con dimensión baja. Si lo comparamos con el baloncesto, se trataría de una defensa individual efectuada sin correr grandes riesgos, aunque con momentos puntuales de mayor presión defensiva cuando el partido lo permite, recuperando la posición habitual defensiva cuando seamos nosotros los que queramos marcar el ritmo.

◇◇

◇◇◇◇◇◇◇◇◇◇◇◇◇◇◇◇◇◇◇◇◇◇◇◇◇◇◇◇◇◇◇

Segunda parte: táctica ofensiva

Busca la rentabilidad, de manera equivalente a la proactividad o la velocidad en el baloncesto.

Sugerencia 1: contraataque

No es fácil armar el contraataque, ya que se requiere una gran coordinación de todo el equipo, que pasa en décimas de segundo de estar en una actitud defensiva a pensar en correr, anotando la canasta lo antes posible. Nace siempre tras una recuperación del balón gracias a una defensa agresiva, o después de capturar el rebote defensivo tras el error en el lanzamiento del equipo rival. El contraataque es instintivo, aunque debe entrenarse, especialmente en los conceptos básicos, como es la colocación de los jugadores en el campo defensivo para iniciar el sprint hacia la canasta, y la posición del base para recibir el balón rápidamente y con precisión tras la captura del rebote, o apoyando al jugador que ha robado el balón, ofreciéndole como mínimo una línea de pase si éste no puede finalizar la jugada.

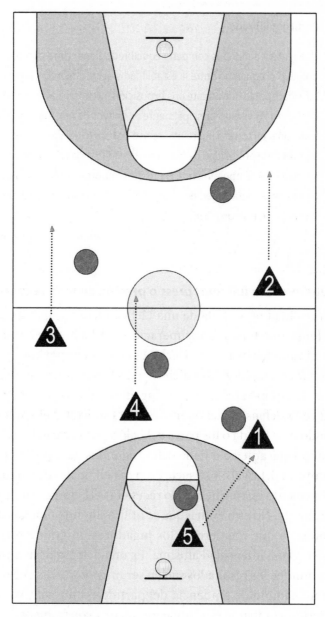

Fig. 3. Contraataque.

◇◇◇◇◇◇◇◇◇◇◇◇◇◇◇◇◇◇◇◇◇◇◇◇◇◇◇◇◇◇◇◇◇◇

Perfil equilibrado

Una cartera de fondos con perfil equilibrado tiene como principal objetivo el equilibrio entre la estabilidad y el crecimiento y la rentabilidad, por lo que admite una exposición intermedia al riesgo. El capital está invertido principalmente en activos de renta fija y suele destinar en torno a un treinta y cinco por cierto del dinero a bolsa. Admite la posibilidad de que la rentabilidad de la cartera pueda ser negativa temporalmente. Da menos importancia a las oscilaciones de la rentabilidad en el corto plazo y sitúa su horizonte de inversión en el largo plazo.

◇◇

Sugerencia 2: *full court press* o presión en toda la cancha

En realidad no se trata de una táctica ofensiva, sino de una defensa que busca la recuperación del balón mediante la presión defensiva y aprovecha el error del oponente para anotar con rapidez, impidiendo que el rival organice su ataque. El equipo adelanta a sus jugadores al campo contrario (la zona defensiva del oponente) para dificultar el saque de fondo o de banda o los pases del balón por parte del rival (el equipo atacante sólo tiene ocho segundos para pasar de su campo al del rival), y se suele emplear en finales de un cuarto o cuando es muy necesario recuperar el balón en situaciones límite. No es habitual que se utilice durante muchos minutos, ya que requiere de los jugadores un gran esfuerzo físico y una intensidad altísima. Es una defensa de alto riesgo, aunque los resultados suelen ser muy positivos, que busca un cambio de tendencia del partido o un revulsivo. He querido comparar esta situación táctica con la mentalidad

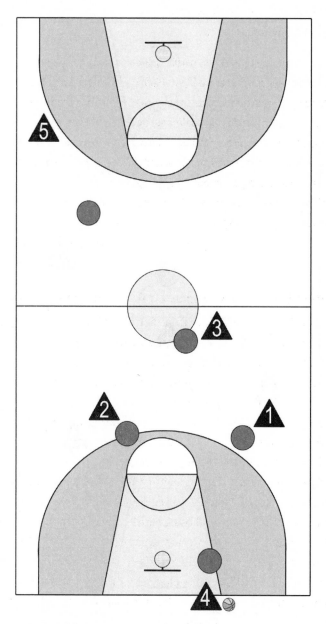

Fig. 4a. *Full court press.*

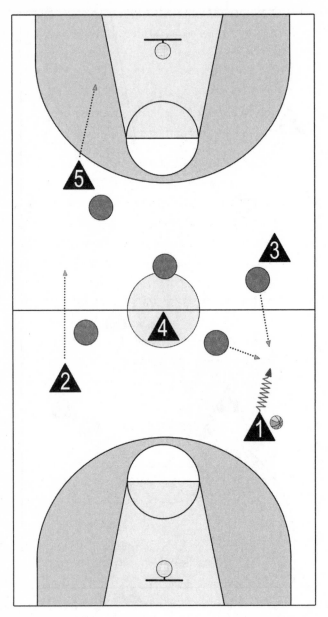

Fig. 4b. Trap (dos contra uno).

más dinámica o arriesgada de los inversores, que buscan la mayor rentabilidad posible, asumiendo un elevado riesgo a corto y medio plazo.

<><><><><><><><><><><><><><><><><><><><><><><><><>

Perfil dinámico o arriesgado

Una cartera de perfil dinámico o arriesgado tiene como principal objetivo el crecimiento patrimonial y la rentabilidad, y admite una exposición significativa al riesgo entre un sesenta por ciento del capital y entre un noventa y un cien por ciento en renta variable. Al buscar el crecimiento patrimonial, podría producir rentabilidad negativa, situando su horizonte de inversión en el largo plazo. Una cartera con perfil arriesgado sufrirá las oscilaciones de la bolsa, por lo que es muy importante ser disciplinado y no variar continuamente de criterio. No es aconsejable invertir cantidades que se necesiten a corto plazo, ya que se pueden producir pérdidas. Igual que en la táctica *full court press* o presión en toda la cancha, en baloncesto, el riesgo es muy elevado ya que el «rival» podría anotar con facilidad, pero los beneficios también pueden serlo si se ejecuta de manera agresiva.

<><><><><><><><><><><><><><><><><><><><><><><><><>

Sin embargo, los criterios de perfilación de los clientes no son estáticos, así que, a la hora de diseñar un buen *financial planning*, tendremos en cuenta otras variables, aparte de la de los mercados, siendo lo más proactivos posible, anticipándonos a los acontecimientos y utilizando la premisa más importante: el sentido común. Igual que un entrenador prepara un partido pensando hasta el más mínimo detalle técnico y táctico, cuando comienzas a jugar a veces el rival te obliga a cambiar todo lo que habías previsto, para contrarrestar su estrategia. A la hora de definir una cartera de inversión también tenemos que tener esta mentalidad.

Anexos

Ficha de economía personal

Aunque las cuentas se pueden hacer a lápiz en un cuadernito, como se ha hecho toda la vida, es muy útil aprender a manejar programas como Excel, Microsoft Money, Homebank o GNUcash, así como web especializadas, tipo Moneytracking.

Estas aplicaciones cuentan con casillas sumatorias que nos permiten hacer un seguimiento automático de las cantidades totales. También poseen la capacidad de separar grupos de gasto, lo que permite tener visiones globales y hacer cálculos por sectores muy precisos de manera instantánea.

A la hora de separar las categorías, es muy importante identificar todas las fuentes de gasto. Simplemente el hecho de detenerse a escribirlas ya es un buen ejercicio, que puede servir para identificar gastos que quizá pasen desapercibidos.

Éste es un ejemplo de ficha para una sola persona. En el caso de una pareja o familia, es interesante que cada persona desglose sus gastos e ingresos por separado, además de llevar una contabilidad conjunta.

	Semana 1	Semana 2	Semana 3	Semana 4	Total mensual
Ingresos					1.562,66
Nómina				1.199	
Rendimientos			267,49		
Ingresos extraordinarios	57,72	38,45			
Gastos					1.183,77
Vivienda / comunidad	428,21				
Electricidad	33,12				
Gas					
Agua			21,76		
Pago de deudas					
Tarjetas de crédito				37,47	
Gastos en transporte		46,37		38,11	
Supermercado	11,99		9,99		
Comidas fuera de casa					
Desayuno				32,89	
Comida				42,17	
Cena				39,60	
Gastos sanitarios				46,34	
Suscripciones prensa	19,99				
Afiliaciones sociedades		26,83			
Seguros				12,68	
Telefonía / internet	36,00				
Gastos en mascota				28,90	
Gasto de tabaco				37,87	
Ocio					
Cine				27,00	
Concierto				38,20	
Gastos bancarios				17,89	
Gastos fijos anuales				35,79	
Gastos extraordinarios					
Lentillas			45,80		
Cerrajero		68,80			
Ahorro					378,89
Plan de jubilación	39,77				
Ahorro fijo (10%)	156				
Ahorro extraordinario	183,12				

Es conveniente calcular el total de gastos fijos anuales (IBI, seguros, etcétera) y dividir ese importe entre doce para no encontrarse con un gasto desproporcionado algunos meses.

Es muy útil separar la mayor parte de los gastos que sea posible, porque de esa manera nos haremos una idea más acertada de lo que realmente gastamos en cada cosa a lo largo de una semana, un mes, un año, etcétera.

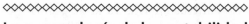

La numerología de la contabilidad

Empecemos con una pequeña reflexión relacionada con los números:

Si ganas 100 € y gastas 99 €, eres rico.
Si ganas 100 € y gastas 101 €, eres pobre.

La reflexión subyacente a este razonamiento podría expresarse con palabras, pero utilizar números le presta un especial atractivo y elocuencia. Sin embargo, hay personas que con sólo ver tantos números juntos empieza a pensar en ecuaciones y se saltan el párrafo entero.

Respuestas al test de coeficiente de ahorro

1. En una hervidora o *kettle*. En todos los casos el agua hierve más rápido, y por tanto consumiendo menos energía, en un recipiente cubierto.

2. Los gastos de reparación del coche y el tiempo perdido en ello no compensan los que genera el propio seguro.

3. La cámara de fotos analógica no es perecedera ni pasa de moda, por lo tanto está sujeta a menos fluctuaciones de precio.

4. Entre seiscientos y novecientos euros al año.

5. Más de cien euros la hora.

6. Llevar los neumáticos adecuadamente hinchados es un consejo habitual para ahorrar gasolina. Un dato no tan conocido es que los coches automáticos consumen mucho más.

7. Las tres cosas evitan el deterioro de las fibras y los tejidos y hacen que sea necesario comprar prendas menos veces. Las cremalleras sueltas pueden erosionar otras prendas.

8. Las estadísticas indican que el momento óptimo es entre seis y ocho semanas antes del vuelo.

9. Existen muchos aparatos que consumen incluso cuando están apagados, por permanecer en *stand by*, con objeto

de encenderse más rápidamente. Lo ideal es conectar todos los aparatos a regletas que puedan apagarse en bloque, y de este modo se controla el gasto.

10. No. Y a menudo existen muchas opciones más baratas. Merece la pena dedicar unos momentos a calcular el precio por kilo y echar un vistazo a los ingredientes.

11. Lavar los platos a mano si son pocos y poner el lavaplatos cuando está completamente cargado.

12. Con las panificadoras se tiene la ventaja de saber exactamente los ingredientes que lleva el pan. Y los ingredientes son más baratos que comprar barras, pero es un aparato que tarda mucho tiempo en cocer el pan, y si la tarifa eléctrica es elevada, no compensa económicamente.